それは小さな学校の
小さな教室から始まった——

なぜあなたの力は眠ったままなのか

自分を好きになる
宝物ファイルプログラム

岩堀美雪

致知出版社

はじめに

数ある本の中でこの本を手に取っていただきありがとうございます。
早速ですがあなたに質問があります。
あなたは、
・コミュニケーション力や親力などを上げるために、すぐに役立つノウハウを学んでも効果が上がらない場合があることをご存知ですか？
・自分を変えなければならないと思えば思うほど変われなくなってしまうことをご存知ですか？
・失敗した人を励ますつもりで声をかけても、かえって落ち込ませてしまう場合があることをご存知ですか？
これらは、小さな問題です。そして、一見別々の問題に見えるかもしれません。

しかし、これらの事の後ろにはある一つの同じ大きな問題が隠れているのです。

その問題とは、

「自己肯定感が低くなると、人は持っている力を十分発揮できない」

ということです。

これは、大きな問題です。そして、この問題こそが、あなたの力を眠らせている原因でもあるのです。

行動力、決断力、挑戦力、やり抜く力、逆境から回復する力、場を和ませる力、周りの人とコミュニケーションを取る力、自分も楽しむ力等など、あなたはたくさんの力を持っています。

しかし、自己肯定感が低くなると、この力を十分に発揮できません。周りの事ばかり気にしておどおどしてしまう。会社であれば、上司や同僚からどう思われているかが心配で、周りの人の顔色ばかり気にかけるようになります。また、本当は自己肯定感が高くないのに高く見せようとして、自分がいかに豪快で有能な人間かをアピールしたり、成功ばかりを追いかけたりしてしまいます。

その状態に気がついて何とか抜け出したいと思っている人もいるでしょう。しかし、あなたのように、本当は力がありながら、その力が眠ったままになってしまっていることに、全く気づいていないとしたら……。

これほど残念なことはありません。

ではどうすればあなたの自己肯定感を高めて眠っている力を目覚めさせることができるのでしょうか？　周りの目を気にしないで自分の力を楽に発揮することができるようになるのでしょうか？

その答えが、本書であなたにお伝えする、

「自分を好きになる大人版宝物ファイルプログラム」

です。

講座の受講者のみなさんからは、こんな感想が続々と届いています。

「人見知りの性格だったのに、お客さんに積極的に話しかけられるようになりました」

「気が楽になり、『まさか自分にできるとは』という大胆なことにも挑戦できるようになりました」

「スタッフとコミュニケーションを取れるようになり、ある人が怒っていても『あの人のことだから何か理由があるのかな』と、人を見る目が変わりました」

「これまでどの会社に勤めてもけんかして辞めて三年ももたなかったのに、五年続いています。褒めることが楽しいんです。社長に『牙抜けたな』って言われました」

「自分を伸ばしていこうなんて考えたこともなかったのに、スタッフのみんなと仲良くなれて、仕事が楽しいです」

「あのとき、自分の中で『許す』ということができたのだと思います」

これらの感想から、私は、

「人は、自己肯定感を高めると眠っている力が目を覚まし、本来の力を発揮して素晴らしい成長を遂げる」

ということを改めて教えていただいています。

この講座で行っている「宝物ファイルプログラム」は、小学校教師だった私が二〇〇〇年から始めたメソッドの一つです。一冊のクリアファイルに、写真を貼ったり、夢や願いを書いたり、自分の宝物やがんばったこと、家族や友達からのメッセージなどを入れたりするもので、楽しくて誰でも簡単にできる方法です。

最初は子ども版のプログラム内容が中心でした。子どもたちは、優しさ、やる気、明るさ、粘り強さ、正直さ、素直さ、誠実さ、真面目さ……学力だけではない長所をたくさん持っていました。そんな子どもたちに自分のことをずっと好きでいてほしいと願って始めたのです。

その後、二〇一五年から私は大阪大学大学院連合小児発達学研究科に通い、脳科学や心理学等も学びました。そして、「大人版宝物ファイルプログラム」の開発も手掛け、宝物ファイルプログラムは大きな進化を遂げました。

今では、

「社員の自己肯定感を高め、コミュニケーション能力、レジリエンス（しなやかな回復力）、やり抜く力など、本来持っている力を目覚めさせるメソッド」として大人の社会にも広がってきています。これは驚きでもあり大変にうれしいことです。

大人版宝物ファイルプログラムは、長所に目を向け、色々なものをファイルに入れて形として残していきます。そうすることで、自分も知らなかった自分を発見し、自分を好きになる自己成長のプログラムです。

大人版宝物ファイルプログラムを実践して自分も知らなかった新しい扉を開ける。自分を好きになる。その結果、もともと持っている力が花開き、これまで以上に楽しくて輝く人生を送る人が増えてきています。

あなたにもぜひその扉を開けてもらいたい。そして、もっともっと楽しい人生を送っていただきたい。それが私の願いです。

なぜあなたの力は眠ったままなのか＊目次

第一章　自分が好きになれない日本人

第二章　自己肯定感が高まると人は変われる

第三章　宝物ファイル講座の内容と進め方

第四章　宝物ファイルが起こした奇跡

第五章　自分を好きになれば世界が変わる
――宝物ファイルでたくさんの人を笑顔に

装幀――轡田昭彦
編集協力――柏木孝之

第一章

自分が好きになれない日本人

◆自己肯定感が低い日本の若者たち

「自分のことが好きですか？」というフレーズをよく聞くようになりました。あなただったらどう答えますか？

「ハイ！」と勢いよく返事する人、「はい、少しは……」と照れる人、「いいえ」苦笑いしながら答える人。

さあどうでしょう。

そもそも「自分が好き」とはどういうことなのでしょうか。

私はこの「自分が好き」という気持ちを「長所も欠点もある自分のことを認めてこれでよいと思える気持ち」と定義し、「自己肯定感」という言葉を使っています。自己肯定感に似ている言葉として、「自己受容」「自尊感情」「自尊心」「self esteem」などが挙げられます。

日本では人によっていろいろな解釈があります。まだまだ使い分けられていないというのが現状です。

アメリカでは、自己主張や自己顕示が強くなるため self esteem は高すぎてもよくないという概念がありますが、私の意味する真の安定している自己肯定感は、「欠点も長所もある、ありのままの自分を丸ごと認める」ことなので、高ければ高いほどよいと考えます。自己主張や自己顕示が強い状態は、人の目が気になる状態です。つまり、周りの人からの評価によって自己評価が変わるので、高くて不安定な自己評価であると言えるでしょう。この自己肯定感が、人間の心の健康にとってとても大切であることは、広く知られるようになってきました。また、自己肯定感が低いと、うつ病や摂食障害などの病気になりやすいことも研究されています。このように大切な自己肯定感ですが、国際的に見ても日本人の若者たちは自己肯定感が低いと言われています。それは、本当でしょうか。

ここに、当時マスコミでも話題になった二〇一一年の資料があります。財団法人日本青少年研究所の調査によると、「自分が価値のある人間と思うか」という質問に対して、全くそうだと答えた高校生の割合は、アメリカ合衆国五七・二%、中国四二・二%、韓国二〇・二%、日本七・五%という結果でした。

かつての日本人は誠実でまごころを重んじ、勤勉でした。その結果、日本は世界でも有数の豊かな国となりました。また、日本製の品物が海外でも高く評価され、信頼されてきました。

そんなすばらしい国・日本の若者たちのこの結果。日本には謙譲の美徳という考え方がありますが、その影響を差し引いても残念な結果だと言えます。

◆自己肯定感が失われるさまざまな要因

①幼少期の家庭環境

自分が好きになれない（認められない）原因はいくつか考えられます。

まず一つ目は、幼少期の家庭環境です。褒《ほ》められたことがない、認められたことがない、否定的な言葉を浴びせられてきたことが原因です。つまり、家族が発する言葉によって影響を受けてきたということです。

幼い頃の子どもに大きな影響を与えるのが両親の存在です。「なんでそんなこともできないの?」「なんで言うことがきけないの」「どうしようもない子ね」あるいは、「いい子じゃなかったらママ嫌いになっちゃうよ」などと我が子に向けて発した言葉が、無意識のうちに子どもの心を傷つけている場合があります。

「もうお兄ちゃん（お姉ちゃん）なんだからしっかりして」……励ましたつもりでも、まだまだ甘えたい年頃のお子さんにとっては励ましにはならず、寂しい思いをするだけとなります。

中でもよくないのは、他の子と比べてダメな点を指摘することです。

「向かいの○○ちゃんはもうおむつが外れたのに、なんであなたはまだなの?」

「お隣の○○ちゃんは漢字テスト合格したのに、なんであなたは不合格なの?」

「お姉ちゃんはしっかりして手がかからなかったのに、なんであなたは先生に叱られるようなことばかりするの?」

比べられて、ダメな点ばかり注意されると次第に自信を失っていき、自己肯定感は低くなってしまいます。

ある小学校で私の講演会に参加してくださったお父さんからメールをいただきました。そこには次のように書かれていました。

「岩堀先生のご講演中、お話を聞きながら、自分のしていることを振り返っていました。

頭ではダメなこととわかっているにもかかわらず、我が子と人の子を比較したり、言うことを聞かないと、ただただ怒鳴り言うことを聞かせたり、キチンと子どもの話を聞かずに軽く受け流したり、子どものよいところを褒めず目につくところばかり指摘して直させる、とても自分が恥ずかしくなりました。これからは、子どもの話をじっくりと聞き、よいところをたくさん伝えていこうと思いました」

この方のように気づいたときから直していこうと心がけていけば、まだまだ大丈夫だと思います。

また、「しつけ」と称する虐待が増えていることは大変な問題です。厚生労働省が発表したところによると、二〇一五年に全国の児童相談所に報告された虐待の件数は、とうとう十万件を超えました。

「児童虐待の防止等に関する法律」が二〇〇〇年十一月から施行されました。この法律により、児童虐待の早期発見・通告に対する意識が高まりました。また、児童虐待の定義を身体的虐待、性的虐待、ネグレクト（育児放棄）、心理的虐待の四種類としました。

その後、何回かの改定を経て、現在に至っていますが、その第一条で、「児童虐待が児童の人権を著しく侵害し、その心身の成長及び人格の形成に重大な影響を与える」ことが書かれています。児童精神科の医師で、『子ども虐待という第四の発達障害』（学研プラス）の著者でもある杉山登志郎氏は次のように述べています。

数多くの被虐待児を見ていると、皆兄弟のように似ている。まず、知的には境界線知能を示す者が多い。さらに知的なハンディキャップを勘案しても、なお知能に見合った学力を得ることが難しく、学習に困難を抱えるものが過半数を占め

る。また、先に述べたように、多動性行動障害を呈するものが非常に多く、衝動のコントロールが不良で、ささいなことから相互に刺激し合い、時にはフラッシュバックを起こし、大喧嘩になるかフリーズを生じるかといった状況を、毎日のように繰り返している。また衝動的な盗みなども多発する傾向がある。さらに、予測を立てたり、整理をしたりといったことが著しく不得手な子どもが多い。（前掲書）

それほど、虐待は児童の心や身体の成長に大きな影響を与えます。

ここで、注目したい研究をお伝えしたいと思います。幼少期に親から虐待を受けた子どもは脳が委縮《いしゅく》したり変形したりするという研究です。福井大学子どものこころの発達研究センターの友田明美教授はハーバード大学との共同研究によって、このことを証明しました。身体的虐待、性的虐待、ネグレクト（育児放棄）、心理的虐待という虐待の種類によって脳が影響を受ける場所が違うことも突き止められています。これを、子どもたちの悲しい自己防衛反応だと考えると、とてもやるせない気持ちになります。

余談ですが、私は小学校教師を三十年以上してきましたので、保護者会で保護者の方と個人懇談をする機会が多々ありました。そのときにとても残念だったことがあります。それは、保護者のみなさんが、ご自分のお子さんの欠点を見つけては他のお子さんと比べてしまっている点です。

元気のいいA君のお母さんは、「うちの子は元気があり過ぎて困ってるんですよ。うるさいんです。B君みたいにおとなしくなってほしいと思うのですが」とおっしゃいます。一方、B君のお母さんは、「うちの子はおとなしすぎで心配なんです。A君くらい活発だったらいいのにと思うのですよ」とおっしゃいます。

お互い、我が子と他の子を比べて、足りないところに目を向けているのです。家でお子さんに向けて直接そう言っていないとしても、人間は思っていることが言葉の端々《はしばし》に出てしまいます。そうなると、これまた無意識のうちに我が子を傷つけてしまうことになります。

それがとても残念でしたので、「そうですか。でも、Aくん（Bくん）にはいいところがたくさんありますよ。たとえば……」という話をさせていただきました。

思い出してみますと、自分にも心当たりがあります。ついつい欲が出てしまって、理想と違う我が子に冷たく当たってしまったのです。宿題の算数の問題がわからないと言って娘が私のところに持ってきたときです。最初のうちは言葉には出さないのですが、心の中で「えっ、こんな問題もわからないの？」と思いました。その気持ちが次第に言葉の端々に出てきて、態度も言葉もトゲトゲして……。ついには、娘と言い合いになり、「もういい！　もうお母さんなんかに聞かない！」と娘は腹を立てて自分の部屋に行ってしまいました。

その娘の後ろ姿を見ながら「ああ、しまった。なぜもっと優しく言えなかったの……」と後悔するようなそんな母親でした。「生まれたときは、ただそれだけでうれしかったのに……」そう思うと、「あのときはごめんね」と申し訳ない気持ちが込み上げてきて、今でも胸が痛みます。

②学校での環境

次は、学校での環境です。子どもたちが一番長い時間を過ごすのは、学級です。お互いを認め合える雰囲気か、あるいはいじめが横行したり否定的な言葉が飛び交ったりする学級であるかは大きな問題です。

会社に「会社経営」という言葉があるように、学校には「学級経営」という言葉があります。子どもたちを信じてその能力を認めてやる気を出させ、さらに成長・開花させていくという点では、両方ともとてもよく似ています。

学校で子どもたちに一番影響を与えるのは教師です。私の体験は第四章でも詳しく述べますが、「学級経営」で一番大切なのは、教師が子どもたちを肯定的な眼差しで見ていくことです。それは私自身が子どもたちから教えてもらいました。

「〇〇してはダメ」「なんで言うこと聞けないの？」「何度言ったらわかるの」ではなく、「いいね」「最後までやり遂げたことはすばらしいね」「失敗してもまた一緒にがんばろうね」――そんな言葉を使い続けたいですね。

第四章で、荒れていた学級が蘇った事例を述べていますが、長所に焦点を当てると同時に肯定的な言葉を使うことを心がけたことがよい結果につながったのだと思います。

教師の冷たい言葉や態度はクラスの子どもたちにも伝染します。お互いを認め合うのではなく、けなし合ったり、馬鹿にしたりする子が出てくるのは悲しいことです。そのようなクラスでは、子どもたちの自己肯定感は低くなってしまいます。

このことは障害のないお子さんにとってもよくありませんが、さらに深刻なのは発達障害のお子さんへの影響です。実際、発達障害のお子さんにとって何が一番問題かというと、障害そのものよりも、周りからのいじめや暴言による二次障害なのです。たとえ病院でＳＳＴ（ソーシャルスキルトレーニング：社会生活技能訓練、社会で他者とかかわり合いながら生きていくために必要な技能を身につける訓練）の治療を受けたとしても、日々を過ごす学級の雰囲気がお互いを認め合える雰囲気ではない場合、治療の効果が十分に発揮されないという問題が起きています。

お互いの長所やがんばりを認め合える学級経営が、二次障害を防ぐ鍵となります。見方を変えると、お互いを認め合うような学級経営ができているか否かによって、子どもたちが大人になるまでに自己肯定感に大きな差が出てくることになります。

さらに、家庭では親の、学校では教師の自己肯定感の高低が子どもたちにも影響を与えています。自己肯定感の高い親や教師に育てられた子どもは自己肯定感が高くなるという研究結果が出ています。

私も三十一年間公立の小学校で働いてきました。大変なこともありましたが、子どもたちの笑顔にいつも助けられてきました。

近年は評価制度の導入・学力向上のための対策・保護者対応等に追われ、先生方は大変な日々を送っています。心の病で休職している教師は約五千人を超えている（二〇一五年、文部科学省調査）と言われており、このような状況にある先生方にも、自己肯定感を育成するプログラムが必要であると思います。

③会社での環境

次は、社会人になってからの環境です。学校を卒業した学生が次に行く場所は、会社が多いので、ここでは会社の例を挙げましょう。

もうお気づきですね。そうです、会社の上司から日々どのような言葉をかけられているかが、社員の自己肯定感を左右します。ですから、上司のみなさんにはぜひ「〇〇できたことはよくやった」「〇〇したことがすばらしい」「ここがいいね」「やるじゃないか」等、肯定的な言葉を日常的に使っていただきたいのです。自己肯定感の高い上司に育てられた新入社員は元気に働くことができますが、否定され続けると次第に元気がなくなっていきます。

後の章でも詳しく書きますが、このやる気のなくなっている原因を「学習性無力感」と言います。社員がこの状態になってしまうと、うつ病や離職につながります。そのような状態にならないようにするためにも、日頃から肯定的な言葉を使うことが大切です。

何もお世辞を言って持ち上げなさいということではありません。よいところを見つける目、認める目を養っていただきたいのです。本書でご紹介する「宝物ファイルプログラム」は、部下の長所を目で見て発見・確認することができるので、最適なツールになります。そのため、以前は学校やＰＴＡを中心に講演させていただくことが多かったのですが、教員を退職した後は従業員のメンタルヘルスの向上に力を入れている企業の研修に講師として呼ばれることが増えてきています。

◆大人も子どもも自己否定感で苦しんでいる

①自己否定感が引き起こす不登校・ひきこもり・自殺・うつ病・摂食障害

ここからは、自己肯定感がどのような影響を与えているかということについてお話しします。

ものが豊かに溢れる日本の社会ですが、その一方でさまざまな社会的問題が起きてきています。それらの中で、自己肯定感が低いとなりやすく、高いとなりにくい症状があります。それは、不登校・ひきこもり・自殺・うつ病・摂食障害（拒食症や過食症）等です。

文部科学省が発表した「問題行動調査」によると、二〇一五年の小・中学校における不登校児童生徒数は十二万六千九人で、前年度比約三千百人増えています。これは調査を始めた一九九一年以降、最も多い人数となっています。

自殺については年間約三万人前後となっています。二〇一一年の同調査で、人口十万人あたりの小・中学生の自殺者数を国際比較したデータがあります。調査した百五か国のうち、日本は二十四・四人で全体の八番目という多さでした。学校が報告した自殺者は前年度よりも十八人減ったものの、二百十四人と依然として二百人台となっています。どれも大変悲しい結果です。

また、ひきこもりについては、内閣府が平成二十二（二〇一〇）年二月に実施した「若者の意識に関する調査（ひきこもりに関する実態調査）」によりますと、約七十万人と推計されています（内閣府ホームページより）。ひきこもりになったきっかけは、仕事や就職に関するものが多いことが報告されています。

大人のひきこもりを解決する「社会復帰支援センター」を経営している渡辺大樹社長のお話では、五年以上ひきこもっている人は珍しくなく、中には二十年という例もあるそうです。また、ひきこもりになった原因は、「対人恐怖・コミュニケーション能力の欠如」が最も多く、次いで「自分でなんとかしたいと思っているがどうにもできない」「自分に自信がない」という理由が多いとのことでした。

最後に、うつ病と摂食障害についてお話しします。うつ病も摂食障害も大変に増えています。

二〇〇八年の厚生労働省の発表によりますと、うつ病の人数は約百万人です。また、摂食障害は一九八〇年からの二十年間で約十倍に増えました。うつ病と摂食障害も自己肯定感と深い関係があります。どちらも、自己肯定感が低いとなりやすく、高いとなりにくいという研究結果が報告されています。

②子どもたちの自己否定感

私の講演を聴いてくれた高校生二年生の女子生徒が次のような感想を書いてくれました。

「今日、岩堀先生の講演を聞きました。すごく前向きで素敵な人だと思いました。私は自分のことが嫌いです。最近何をやってもうまくいかないし、昨日も親とけんかしたばかりです。性格はひねくれているし、自分を好きになることなんてできなくて、暗闇を迷っているみたいです。

でも、岩堀先生の話を聞いていて、すごく心にきました。真っ暗のトンネルを百メートルほど歩いて右を見ると、もしかしたら光が見えるのかも。この言葉を聞いたときに自分のことを励ましてくれるかのようでした。

『しあわせ』という曲を歌ってくださっているとき、歌詞一言一言が嘘《うそ》のように自分に当てはまっていて涙が出てきそうになりました。もう一曲のお母さん宛に歌っている曲も聞いて、これも自分に当てはまっていて、自分の未熟さを教えられたような気がしました。

自分のことも家族のことも友達のことも大好きになりたいと思うすばらしい講演会でした」

「私はこの講演会を聞く前に先生から個人調査票をもらいました。その中に自分の長所を書く欄がありました。それを見たとき、自分で自分の長所を見つけられなくてすごく悩みました。

この講演会で岩堀先生は、『自分のことが好きですか？』と最初に質問していました。私は、自分には長所がないと思っていたので好きではありませんでした。

でも、岩堀先生は、『人には必ずいいところがある』と言っていました。

岩堀先生の話の中に、一人の男の子がいいところを一つも見つけられなかった話がありました。でも、その子は最終的に自分のいいところを書き出せるようになっていました。それは友達や家族から聞いて初めて自分の長所が見つかったからです。

私は、家に帰って母に自分の長所は何かを聞いてみました。母はちゃんと私の長所を言ってくれました。私も男の子のように自分の長所を自分で言えるようになりたいです」


このような高校生の例は、日本中の学校で見られます。家庭環境や学校環境などによって自己肯定感が低くなってしまうと、ダメな自分にばかり焦点を当ててしまいます。すると、ますます自己否定感から抜け出せなくて、苦しんでしまうのです。

講演をさせていただくと、このような感想を何通ももらいますが、その度に、自分のことが嫌いだった私自身の高校生から大学生の頃のことを思い出します。あのときの辛さを思うと、「人には必ず良いところがあるから、それを自分でも認めてほしい。そのための方法として宝物ファイルプログラムを広めたい」との思いは強くなるばかりです。

③認め合えずに苦しむ企業や組織の実例

「長い間ここで働いてきましたが、今日ほど辞めなくてよかったと思えた日はありません。何年間も勤めてきて今日が一番うれしい日です」

これは、ある企業で宝物ファイルの研修講座を行ったときに、三十代後半くらいの男性の社員さんが私に言った一言です。

私が研修室に行ったとき、その方は、パソコンやスクリーン、スピーカー等を黙々と準備されていました。他の研修参加者よりも一時間以上早く会場に来て会場準備をしていたのです。スクリーンの位置やスピーカーの音量を確認し、配線が邪魔にならないように考えてテープでとめるという念の入れようでした。

失礼ながら一見したところではいわゆる「仕事のできる人」とは思えませんでした。また、愛想よく私に話しかけてくることもありません。多分、職場でも自己主張は下手な方ではないかと思われました。

そのせいか、しばらくして研修室に会社の同僚の方たちが五十名ほど入ってこられたときも、「丁寧な仕事をしているね」などと彼の仕事ぶりを認めるような言葉をかける人は一人もいませんでした。

しかし、細部にわたるまで心を配った仕事をする彼を職場のみんなはよく見ていたということがわかりました。研修が始まって、お互いのいいところを書き合ったときに、そのことを付箋に書いて渡す人が何人もいたのです。

心の中で思っていても、これまでは言葉や文字で表現する機会がなかったから伝わらなかったのです。でも、それを文字にするだけで救われる人がいるのです。

「長い間ここで働いてきましたが、今日ほど辞めなくてよかったと思えた日はありません」

この感想はまさに彼が救われたことを表しています。

さらに、ある四十代の女性からは、「いつもはロッカーに辞表を忍ばせている私ですが、今日は職場のみんなから温かい言葉をもらって、またこの職場でがんばれそうです」という感想をいただきました。

宝物ファイルの研修講座は職場の人間関係をよくして従業員さんの離職防止にも一役買っています。

第二章

自己肯定感が高まると人は変われる

◆自己肯定感とは「自分のよいところも悪いところも認められる」こと

自己肯定感とは、ありのままの自分を肯定すること。つまり、長所も短所もあるありのままの自分を認めて「これでいい」と思える気持ちです。一言で言うと、「自分のことを好き」になるということです。

人間には長所もあれば短所もあります。ロボットではないのですべてにおいて完璧になる必要はありません。また、そうはなれません。長所も短所もすべてひっくるめて「自分」という一人の人間なのです。

ですが中には、短所ばかりを見つけて直そう直そうとする方がいます。短所を直そうとするのは悪くはないのですが、そればかりに気を取られているとせっかくの長所が見えなくなってしまいます。

さらに、自分の短所ばかりに目を向けていると相手の短所も気になります。自分を責めて相手も責める。これでは毎日が楽しくなくなってしまいます。

「あなたの短所は他の人の出番」という言葉があります。人はみんな補い合って生活していく。そう考えると、短所はあってもいいのです。人間ですから。

◆人が健康を保つ一番の方法は、自己肯定感を高めること

どんなにおいしい食事が目の前にあっても、健康でなければ食べられません。どんなに叶えたい夢があっても、健康でなければ夢に向かって前に進めません。仕事も、趣味も、すべて健康あってのことです。

「健康第一」

とはよく言ったものですね。

人の健康にとって重要なことはいくつか挙げられますが、中でも大切なことはストレスを減らすことではないでしょうか。

ストレスによってうつ病になることは誰でも知っています。その他にも、胃・十

二指腸潰瘍《かいよう》、心臓病、高血圧などにも影響があります。また、ストレスは自律神経のバランスを崩します。それによって免疫力が下がり、発熱、のどの腫《は》れなど、一般的にいう「風邪を引く」こともよくあります。

このように、ストレスは人の健康に対してさまざまな影響を与えています。

それでは、ストレスを感じやすい人と、感じにくい人はあるのでしょうか？ストレスを引き起こす原因をストレッサーと言います。このストレッサーは、いろいろ分類されていますが、暑さや寒さ、睡眠不足、過労、空腹、結婚、出産、離職、仕事上の人間関係など、数えきれないくらいあります。

しかし、このストレッサーがすべての人に同じようにストレスを与えるかというとそうではありません。

ここで重要になるのが自己肯定感なのです。自己肯定感が高い人はうつ病になりにくいというのは、まさにそれです。自己肯定感が高くなるとストレッサーに対して落ち込んだり考えすぎたりすることが少なくなり、ストレスを感じる度合いが低くなります。そのため、病気になりにくくなるのです。これが、自己肯定感が健康を保つための特効薬になるという理由です。

◆自己肯定感が高まると人はどう変わるか
——自分を好きになることで生まれる無限大のパワー

自己肯定感が高まることによる影響はたくさんあります。主なものをまとめると次のようなものが挙げられます。

- 前向きになる
- 困難な状況でも自分を信じて行動することができる
- 自分の考えを人に言えるようになる
- 人の目を気にせずに自分の意思で決めることができるようになる
- よく考えて自分の意見を変えることができる

・目標を達成するために粘り強く努力を続けることができるようになる
・ストレスを感じにくくなる
・批判を受け入れ、さらに向上することができる
・落ち込んでも完全に挫折せずに失敗から立ち直ることができる
・相手を認めることができるようになる

このように自己肯定感が高くなると、それまで眠っていたあなた本来の力が目を覚まし始めるのです。

また、度々申し上げていますが、

「うつ病」

「摂食障害」

などの病気になりにくいことも報告されています。

◉「ありのままの自分でよいなら、成長しないのではないですか？」

このようなお話をすると、しばしばこんな質問をされます。

「ありのままの自分でよいなら、成長しないのではないですか？」

そう思われるのも無理はありません。普通は「今の自分に不満があるから成長したいと思うのではないか」と考えるでしょう。

しかし、そうではないのです。

人は、「生き物」ですので、「伸びたい」「成長したい」という欲求を持っています。これは本能とも言えるでしょう。

自分を否定していた私の場合、ありのままの自分でよいのだと思えてからの変化はささやかなところからやってきました。それは、「靴」です。背が高いことを気にしていたので、ヒールの低い靴しか履かなかったのです。でも、あるとき、「ぺったんこの靴よりもかかとの高さが少しはあったほうが脚がきれいに見えるな。私も少しくらいはヒールのある靴を履いてみようかな」

と思い、かかとの高さが四センチくらいある靴を買いました。

次は洋服です。背の高い自分がピンク系の洋服を着たら、きっと周りの人から変に思われる、と決めつけていました。でも、人目を気にするのではなく、自分がいいな、着てみたいなと思うデザインの服を買って着るようにしました。

小さなことですが、自分の気持ちに正直になれたことで毎日が少しずつわくわくするものに変わっていきました。

また、教師という仕事の面でも、その効果が次第に表れ始めました。諸先輩の目を気にするのではなく、子どもの方を見て、子どもたちの教育に本当に役に立つことをもっともっと学びたい！　と強く思うようになりました。

役に立ちそうな本は一度に何冊も購入しました。シリーズで一度に百冊以上も買い込んで、その中から実践を試みました。「逆上がりができるようになる方法」「跳び箱がとべるようになる方法」「作文が好きになる方法」「県名や県庁所在地を楽しく覚える方法」「ことわざを楽しく覚える方法」「論理的な文章の読解法」などなど、数え上げればきりがないほどでした。

周りから見ればささやかなことかもしれませんが、自分にとっては大きな変化でした。毎日気持ちが晴れ晴れとしていました。

私が尊敬するクリストフ・アンドレ先生の著書の中にこんな一節を見つけました。

心理学的に言えば、「自分に対する不満が変わる動機になる」というのは間違である。内面の変化＝成長というのは、「学習と訓練」＝新しいものの見方や行動の仕方を学び、身につけること「発見」＝自分の問題の本当の意味を理解することがあって、初めて可能になるのだ。

（『自己評価の心理学』クリストフ・アンドレ著／高野優訳）

これを私なりに解釈しますと、こうなります。

心理学的に言えば、「自分は何をやっても駄目な人間だ」という不満が変わる動機になるというのは間違いです。
内面の変化＝成長というのは、「学習と訓練」＝ありのままの自分でよいのだという新しい見方や行動の仕方を学び、身につけること
「発見」＝自分が何をやってもだめだと思っていたのは、そう思い込んでいたからだめだっただけなのだと理解すること
があって初めて可能になるのです。

人は、ありのままの自分でよいという新しいものの見方を身につけると、自分の問題に真剣に向き合うことができ、「さらに成長したい」という気持ちが湧いてくるのです。そこで努力するから伸びる。伸びるとうれしいからまた努力する。するとまた伸びて、もっとうれしくなる。だからさらに努力する……というふうにして、自分で伸びていく力を持っているのです。
しかし一方で、自己肯定感が低くなってしまうと、自分で「自分はダメな人間だ

からできない」とあきらめてしまい、学習性無力感を持つことにもなりかねません。そうなると、自分で伸びようとする力を眠らせてしまうことになります。いえ、眠らせていることにさえ気づいていない場合もあるのです。

自己肯定感を高めることは、自分で自分に蓋《ふた》をし続けてきた考え方を変え、自分自身を開放していくこと。眠っている力を目覚めさせ、伸ばしていくこと。自分の人生を自分らしく生きていくことです。その楽しさ、すばらしさ、清々《すがすが》しさをあなたにもぜひ味わっていただきたいと願っています。

◉高くてもろい不安定な自己肯定感を持つ人の特徴

「自己肯定感とは自分を好きになること」だと言うと、こう質問されます。

「いくら自分のことが好きでも自分勝手な人や自分が中心でいないと気が済まない人、威張る人もいると思います。そういう人はどうなのですか?」

これについて私は、「そうした人たちは自分が人よりも優れていることを確認していないと気が済まない人なので、真の安定した自己肯定とは言えない」と考えてきました。

　先に挙げたクリストフ・アンドレ先生の『自己評価のメソッド』の中に同様の考えを見つけました。先生はフランスの有名な心理学者で精神科の医師でもあります。彼は、「自分で自分をどう思っているか」ということを「自己評価」と呼んでいます。そして、「本当に高い自己評価」を持つ人と、「高くてもろい自己評価」を持つ人がいて、後者のタイプの自己評価を持つ人は「怒りをコントロールできない」「アルコールに依存する」「突然、深刻なうつ病になる」など、精神医学的な問題が生じやすい。また、両者は単純なアンケートだけでは区別できない。というのは、後者は嘘をつこうとするからである、と述べています。さらに、こう言っています。


　そういった不安を抱えながら、「高くてもろい自己評価」を持つ人は、どうするか？　その答えは、「人生や周りの人に対して攻撃的になる」である。

《攻撃は最大の防御なり》という言葉があるが、これはまさにこの人たちのためにあると言ってよい。すなわち、まわりの人に対しては、さきほども触れたように、「自分より優れた人に嫉妬して、引きずりおろす」、「自分より力がないと思った人のことは軽蔑する」――

そうやって、相対的に自分が優れていることを確かめるのである。

また、人生に対しては、「成功」を求めて、積極的にさまざまな行動をする。成功のために努力も惜しまない。だが、これは諸刃の剣である。行動をすれば、「失敗」の危険性もあるからだ。

ところが、「高くてもろい自己評価」を持つ人は、何よりも失敗を恐れる。そこで、このタイプのもうひとつの戦略が浮かびあがってくる。「失敗」という現実を認めて、自分を疑うかわりに、現実を認めなかったり、誰か他の人のせいにしたりするのである。他の人の失敗であれば、自分の失敗ではない。

だが、「現実の失敗」を認めないということは、「現実の自分」を認めないということでもある。いや、認めないどころか、「見せかけの自分」をつくることすらある。

つまり、「本当は弱い自分」の上に、「人より優れている自分」をつくり、まわりの人にはその「見せかけの自分」を見せるようにするのだ。（中略）けれども、こうして絶えず「社会から認められ」、「成功して」いなければならないとしたら――というより、そう思い込まなければならないとしたら、精神的にはかなりストレスがたまる。また、感情的にも、怒りや嫉妬、不安という方向にかなり大きく揺れ動く。

そして、ある時、「本当の自分」の姿を認めざるを得なくなって自己評価が下がると、うつ病もなりかねない。（前掲書）

この例に当てはまる方はあなたの周りにはいらっしゃいませんか。この「高くてもろい自己評価」を持つ方々にも、本当の自分を認めて、心から楽しい人生を歩んでいただきたいと願うばかりです。

◆相手の長所を見つけると自分が一番救われる

「よく二〇〇〇年から今まで宝物ファイルを続けてこられましたね。その秘訣はなんですか？」

と聞かれることがよくあります。その答えは二つあります。

一つ目は、宝物ファイルを実践した子どもたちの成長を間近で見られることがとても楽しかったからです。

また、成長していったのは子どもたちだけではありません。大人の方もそれに負けないくらいの成長を見せてくださいました。それが何より楽しくてありがたかったです。楽しいことは長続きします。世の中の役に立つ実践で、なおかつとても楽しい。これが一つ目の理由です。

二つ目は、自分が一番救われたからです。宝物ファイルを始めるまでは、子どもたちを叱るときに、ついつい感情が先に立ってしまっていました。

詳しくは後述しますが、荒れていたクラスを担任したときの私は、

「まだ○○ができていない」

「なんであの子はいつまでも同じことで友達とけんかばかりしているの」

と、足りないところ、こうしてほしいところばかりに目を向けて、イライラしていました。子どもたちを叱っては、

「なぜこんなことをするの」

と絶望していました。

しかし、子どもたちの長所に目を向けるようになると、

「こんないいところがあるのになんでこんなことをするの。とても残念」

という気持ちが湧きあがってきて、叱りながら、

「今回けんかしてしまったことはよくないけど、この子は友達を大切にできるという長所がある」

と思えるようになりました。そうすると、その子に「希望」が見えるのです。希望は人を救います。私もその希望に救われた一人です。

◆褒めることと同じくらい大切なこと

――①注意の仕方

自己肯定感を高めるために、褒める（認める）ことと同じくらい大切なのは、注意の仕方（叱り方）です。

褒めることが大切だからと、注意しなければならないことを遠慮して言えないのでは本末転倒です。いけないことはいけないときちんと伝える必要があります。

問題はその伝え方です。次の例は、残念な注意の仕方です。

・自分の感情に任せて、怒鳴る
・過去の失敗を今さらのように持ち出す
・五分もすれば終わるのにネチネチと粘る
・人格を攻撃する

・「意味わかる?」などと蔑《さげす》む
・少しもよいところを見ようとせずに全否定する

誰でも失敗したときは、「しまった」と思って頭の中がパニックになったり落ち込んだりします。そこに追い打ちをかけるような言動が続くと自己肯定感が低くなってしまいます。それは残念なことです。そうならないようにするに、前述の逆を実行してみましょう。つまり、次のようにするわけです。

・感情に任せて怒鳴らずに落ち着いて話す
・過去は過去、今は今。過去の失敗は持ち出さない
・短く済ませる
・行動について注意する。人格は攻撃しない
・威張ったり蔑んだりせずに、相手を一人の人として尊敬の念を持って接する
・よいところを伝えて、注意点も伝える

このような方法に加えて、どのように行動するとよかったのかを考えさせます。

次に、その内容で足りないと思われるところをアドバイスしましょう。

「うん、〇〇するのはとてもいいね。あとは、〇〇もやってみよう」

というように伝えるとよいでしょう。


私の場合は、勤めていた学校で一学期に一回ずつ教育相談という時間がありました。一人当たり七～八分くらいでしたが、その時間に子どもたちと宝物ファイルを見ながら話をしました。そうすると、成績だけではない長所がますます実感できました。


その経験は、子どもたちへの言葉かけにも大変役に立ちました。

「二学期はマラソンの練習をすごくがんばったね」

「漢字テストも合格できたね」

宝物ファイルに入っているものを見ながらこんな話ができたことで、一人一人の長所がさらに発見でき、頭にしっかりと刻み込まれました。このことが、子どもたちを注意するときにも役に立ちました。

「二学期にはマラソンの練習をがんばったよね。順位よりも記録が伸びたことがすばらしいと思うよ。なわとびもきっとできるようになるから、あきらめずに練習を一緒にがんばろうね」

というように伝えることができました。

◆褒め過ぎることはよくないのか

「褒めることはいいことだ」

「いや、褒めることはよくない」

人それぞれ意見があります。「褒める」＝「お世辞を言う」「甘やかす」と考えると、それはあまりよいこととは言えませんね。しかし、「褒める」＝「認める」と考えるなら、それはとてもよいことだと思います。

実際に、私の友人がこのような話をしていました。

「自分は何をやりたいのかわからない、希望がない、というときに頭に浮かんだのは小学校の先生から言われた、『○○君は絵がうまいね』の一言だった。それで、イラスト関係の会社を立ち上げたの。おかげさまで今は代表取締役として順調に仕事をしているよ」

担任の先生に褒められたことで成功した例です。

人には、承認欲求（他の人から認められたいという欲求）がありますので、褒められてうれしいという気持ちは自然なものだと思います。

余談ですが、私は、小学校四年生のときに、新聞の「ちびっこさん」という小さなコラム欄に紹介されたことがあります。その記事の最後は、「『並の四年生では考えられないほどの馬力と根性の持ち主』とは担任の先生の弁である」という言葉で締めくくられていました。この言葉は今も心に残っています。

◆褒めることと同じくらい大切なこと
――②厳しさを持つ

褒めることと同じくらい大切なことの二つ目は、「厳しさ」です。相手の成長を願って厳しい試練を乗り越える体験をさせるということです。安易に妥協はしない。そして、それを乗り越えられるように全力の支援をするのです。

小学校の教員時代、私は「クラス全員逆上がり」「百人一首をすべて覚える」「クラス全員百メートル泳ぐ（六年生）」等に挑戦してきました。これらをみんなに身につけてもらいたいという理由だけではありませんでした。それと同じくらい、いえ、それ以上に、

「最初、自分には絶対に無理だと思ったことでも、あきらめずに練習し続けたらできるようになった」

という体験をしてほしかったのです。そうすることで、粘り強くやり遂げる力が

つき、やり遂げた自信が生まれます。

そして「厳しさ」を求めるときに忘れてならないのは、全力で支援することです。要求するだけ要求してあとは自由に任せるというのでは、途中で挫折してしまうケースも増えてきます。それでは自己肯定感は育ちません。


子どもたちに逆上がりを指導していたときのことです。教師になってすぐは、ただやみくもに練習させていただけでした。しかし、子どもたちとの絆《きずな》が生まれ、担任するクラスの子どもたちが可愛くてしょうがなくなると、

「どのようにしたらこの子たちを伸ばすことができるか」

ということを常に考えるようになりました。

指導法が書かれている本を何冊も購入して、よいと思えることはなんでも試してみました。

そのとき、逆上がりの練習にとび箱と踏み切り板を使用した指導法があることを知りました。鉄棒の前に四段のとび箱を横に置き、そこに踏み切り板を立てかけま

す。鉄棒をにぎり、逆上がりの姿勢でその踏切板を駆け上がるようにすると、体が鉄棒から離れないので、腕の力がそれほどなくても体がくるりと回ります。

最初はやる気がなくて、

「先生、なんでこんなことやらないといけないのですか？」

と少しふてくされていた子も、この方法で回れるようになると目の色が変わってきました。

「できた！」

「よしっ！　四段合格！」

「やったーっ！」

こうして四段の高さで回れるようになったら、次は、三段、二段、一段というようにとび箱を低くしていきます。当然、踏み切り板の角度も小さくなります。このようにスモールステップで、少しずつできることを増やしていくと、

「先生、早く体育館に来てください。逆上がりの練習がしたいです」

という言葉が聞かれるようになりました。練習の成果は見事に出ました。そのう

ちに踏み切り板だけで回れるようになり、最後は踏み切り板なしでも逆上がりができるようになりました。

その間私は、休み時間や昼休みに子どもたちの練習につき合い、補助をして励まし続けました。すると、逆上がりができるようになる子どもがどんどん増えていったのです。

このように、

・どうすればその目標が達成できるのかを考えて、必要な支援は全力で行う
・その中で、垣間見えた成長している姿を言葉にして褒める（認める）

ということを繰り返していけば、ゴールにたどり着いたときに大きな自信を手に入れることができます。その結果、自己肯定感も高まります。

子ども版宝物ファイルプログラムの実践では、子どもたちが一年間で成長した自分を振り返ります。そのときに、自分ががんばったことは必ず文字にして書き残し

ていきます。それが子どもたちの心の栄養源になるのです。

数年前に教え子から手紙をもらいました。その中に次のような一文がありました。

「岩堀先生は覚えていらっしゃいますか？　三か月以上毎日毎日練習して、手が豆だらけになりながら、ついに逆上がりができて抱き合って泣いた日のことを。あのとき、あきらめずに続ければなんでもできることを学びました。そして、このことは今では私の人生の糧となっています」

大変うれしい手紙でした。

◆レジリエンス（しなやかな回復力）と自己肯定感

最近、「レジリエンス（しなやかな回復力）」という言葉をよく聞くようになりました。簡単に説明させていただきます。

自然災害や経済危機、環境問題等、私たちを取り巻く世界では日々いろいろな問題が起きています。また、失業や愛する人との別れ、入試の失敗など個人の問題も日々起きています。そのような問題（外的な衝撃）が起きたときに、気持ちがポッキリと折れてしまう人がいます。レジリエンスというのは、このようなときに竹のようにしなって折れずに立ち上がる、回復力を指します。

幸せ経済社会研究所所長、東京都市大学環境学部の枝廣順子教授が次のような報告をしています。二十世紀後半、世界的な海水温の上昇によって沖縄のサンゴが白化現象を起こして激減してしまいました。ところが、その後の調査によると、サンゴがほぼ元通りに回復したところもあれば、そのまま減り続けて約十年間で三分の一以下になってしまったところもあるというのです。サンゴに起きた外的衝撃は同じでもレジリエンスに違いがあったのです。

人間の場合はどうでしょうか？

たとえば、採用試験に落ちたとき、上司からきつい叱責を受けたとき、すぐに立ち直る人と落ち込んでしまってなかなか立ち直れない人がいます。この違いは何が要因なのでしょうか。言い換えれば、レジリエンスを高めるために必要なものは何なのでしょうか。

この問いに対して、枝廣教授は『レジリエンスとは何か』（東洋経済新報社）の中で次のように述べています。

個人のレジリエンスを構成する物やレジリエンスを高めるために何が必要かを調べたさまざまな研究結果、レジリエンスを高めるコツを紹介する海外のガイドブックやウェブサイトなどから、「レジリエンスの構成要素」を集めて分類したところ、次の四つのグループに分けることができました。

---

①自分を否定するのではなく、欠点や足りないところはあるにしても、基本的にこの自分でよいのだという、基本的な「自己肯定感（自尊感情）」

②何かうまくいかないことが起こったときに、その状況や自分を委縮させるのではないやり方でとらえる「楽観的な思考」

③具体的な問題に対処するための「問題解決スキル」や他の人とうまくやりとりするための「対人スキル」などの「社会的スキル」

④何かあったときに自分を支えてくれる、頼れる人々やグループなどの「ソーシャル・サポート」

この部分を読んだときに、私は心の中で、

「私の勘は当たっていた！」

と思いました。

レジリエンスという言葉を初めて知り、それが回復力・逆境力を意味すると知ったとき、宝物ファイルの実践を通して目にしてきたさまざまな経験から、「人間の回復力・逆境力には自己肯定感が大切なのではないか、いや、きっと大切なはずだ」と思っていたのです。その後、『レジリエンスとは何か』を購入して前述の箇所を見つけたのです。

「今回はダメだったけれど、また今度がんばろう」

という気持ちになるためには、今度がんばればなんとかなるという自分への信頼が必要です。この自分への信頼は自己肯定感なくしては成り立たないものです。

◆「やり抜く力」と自己肯定感

レジリエンスとともにもう一つ注目したいのが、「やり抜く力（ＧＲＩＴ）」です。アンジェラ・ダックワースは『ＧＲＩＴ　やり抜く力』（神崎朗子訳／ダイヤモンド社）の中で、奇《く》しくも、やり抜く力に注目するようになったきっかけを述べています。それが「学習性無力感」の実験でした。これについてはあとで詳しく触れますが、犬に対して自分ではどうにもならない嫌な刺激を与え続けたところ、その中に最後まであきらめずに挑戦し続けた犬がいたというのです。

その犬を見ながら、ダックワースは

「人間が辛い状況になると、あきらめてしまう人がいる一方であきらめずに最後までやり抜く人がいる。あきらめる人と、やり抜く人、この違いは何処《どこ》からくるのだろう」

と考えました。これが研究を始めるきっかけとなりました。

その後の長年の研究の結果、彼女は、ビジネスリーダー、エリート学者、オリンピック選手といった成功者の共通点は「才能」でも「ＩＱ」でもなく「やり抜く力」だったことを突き止めました。そして、やり抜く力を身につけている人は、中高時代に自分の目的に向かって挑戦し、やり抜いた経験を持っている人が多いこと、大人になっても目標を持っていて、その目標を達成することは社会的に重要な意味があると考えていることを明らかにしたのです。

ダックワースは、やり抜く力を身に付けるには、失敗したときにその原因を悲観論的に捉えるのではなく、楽観論的に考えることが大切だと述べています。さらに、子どもの頃の教育で重要なのは「自己肯定感」を育てることだとも述べています。

物事を楽観的に考えるには、自分を受け入れ、自分の身に起きた出来事を受け入れることが必要です。そのためには自己肯定感を育てることは大切なキーポイントになります。

◆「自分も相手も認める心」を持つ

自分に価値を見いだせない人は、相手の価値も見出せません。ですから、まずは自分です。自分を認め、好きになり、大切に思えるようになる。これが第一歩。そうなってようやく周りの人も同じように大切な存在であると思えるようになるのです。

今ではこのことは間違いないと確信していますが、以前の私はそうではありませんでした。たとえば世の中で犯罪を起こしてしまうような人は、自分のことだけが大好きで、相手のことが嫌いなのだと勝手に思い込んでいました。

今から十年以上も前になりますが、十四歳の少年の犯罪が次々に起きて世間を騒がせたことがありました。そのとき、私はその少年たちのことを詳しく取材したジャーナリストの方の講演会に出かけました。そして、そこで思いがけない言葉を聞いたのです。その方は次のように言いました。

「犯罪に走った少年たちを詳しく精神鑑定した結果、全員に全く同じ症状が見られました。全員が自分は全く価値のない人間であると思っていたのです。だから周りの人にも価値を見いだせない。価値のないものにはどんな仕打ちしてもよい、という論理が成り立っていました」

この言葉を聞いたときは驚きました。その一方で、

「そうか、それなら自分のことを好きで大切にする子どもたちを育てていくことは、認め合える子を育てていくことになる。やっぱり自分のやっていることは間違っていないんだ」

と確信したのです。

第三章

宝物ファイル講座の内容と進め方

◆それは小さな学校の小さな教室から始まった

――思いがけない出合い

私が初めて宝物ファイルプログラムの実践を始めたのは、二〇〇〇年の十一月の末でした。福井県越前市岡本小学校五年西組を担任していたときのことです。

教師になって十七年目を迎えていました。

壺井栄著『二十四の瞳』を読んで、どうしても小学校の教師になりたい！　と思い、猛勉強して大学に入学。二度目の採用試験で合格しました。その私に子どもたちが教えてくれたのは、「どの子にも必ずいいところがある！」ということでした。

たとえば、勉強はそれほど得意じゃなくても、気持ちが優しい子がいます。友達が熱を出して早退するために保健室に行くというと、

「先生、〇〇ちゃんの荷物とランドセルを一緒に持っていってあげていいですか」

と聞いてサッと持っていってくれる子。給食のおかずわけのときに「ガッシャー

ンッ」とお味噌汁の入った器をひっくり返した子に
「大丈夫？　熱くなかったか？」
と聞きながら
「一緒に拭いてやるわ」
と黙って拭いてあげている気持ちの優しい子。そういう子どもたちをたくさん見てきました。
その子たちが中学校に行くときに、私が一番願ってきたことがあります。
中学校というところは高校入試を控えていますので、テストがクローズアップされてきます。テストをするたびに「はい、あなたは何番です」「あなたは何番です」という順位づけをされます。
そういう世界に送り出す子どもたちに、私は
「もしもあなたの成績が三百人中三百番だとしても、それは学力という一本の物差しであなたを測っただけのこと。あなたにはそれでは測りきれないすばらしいところ、優しさや思いやりや勇気ややる気、そういうものがいっぱいあるから、どうか

それを自分で認めて、ずっと自分のことを大好きでいてほしい」

と願ってきました。

しかし、宝物ファイルを始める前は、その思いを言葉で伝えるか日記帳のコメント欄に書くかしか方法を知りませんでした。そんな私が宝物ファイルの実践を始めるきっかけとなったのは、パーソナルポートフォリオとの出合いでした。それは思いもかけないところからやってきました。

理科の研究授業が終わり、「もっと本を買って勉強しよう。そのために何かいい本はないかな」と思って教育書の巻末にある書籍案内の欄を見ていた私の目に飛び込んできたのは、「現場の教師から反響続々！」「総合的な時間の進め方とは」「その評価に使えるポートフォリオ」などの文字でした。

当時、教育界では理科や社会の時間が削られて、「総合的な学習の時間」という新しい教科が段階的に取り入れられていました。自分でテーマを決め、調べたことをまとめて発表する新しい教科、それが「総合的な学習の時間」でした。知識を学ぶ教科ではないので、テストでの評価はできません。そこに、「ポートフォリオ評価法」という方法が外国から入ってきたのです。

ちなみに、教育界で使用するポートフォリオとは、経済界で使われているポートフォリオとは違います。語源は「紙ばさみ」で、「ある目的を持って綴《つづ》っていったもの」という意味があります。ファイルに、調べ学習で調べたことや、発表原稿など自分が学んだ軌跡となるものを綴《つづ》っていき、後で振り返るという「ポートフォリオ評価法」は、当時の教育界では画期《かっき》的なものでした。

「総合的な学習の時間の評価法であるポートフォリオについて勉強したい。何より、反響続々というのが気になる」

そう思った私は、そのページに紹介されていたビデオと本を全巻注文しました。しばらくして送られてきたものを片っ端から読み始めました。そして、『ポートフォリオで評価革命！』（鈴木敏恵著／学事出版）という本の、あるページに私の目はくぎ付けになりました。そこにはポートフォリオの種類として、パーソナルポートフォリオのことが約一ページにわたって紹介されていました。

自分の「パーソナルポートフォリオ」を作ってみることは、この世にたった一人しかいない「自分という存在」を認め、大切にすることに通じる。（中略）「自分の大切なモノ」を入れればいい。母からの手紙、美しく心に染みた紅葉、熱心に練習して得た算盤《そろばん》二級の小さな賞状……

そこまで読んだときに、本を持っていた左手から全身にビリビリと電流が走りました。まるで何かに感電したかのような衝撃を受けたのです。「この世にたった一人しかいない『自分という存在』を認め、大切にすることに通じる」という言葉が私の頭の中をぐるぐると駆け巡りました。クリアファイルの中にいろいろなものを入れて、うれしそうにしている子どもたちの笑顔が脳裏に浮かびました。

「これだ！　これを使えば長年願ってきたことが叶えられる。子どもたちが学力だけではない自分のよいところに気づいて、ずっと自分のことを好きでいることが形として残せる！」

私はすぐにクリアファイルを探し始めました。

ちょうどピッタリのタイミングで福井県の旧武生《たけふ》市にも百円ショップがオープンしました。従来であれば千四百円以上もしたA４サイズのクリアファイルが百円ちょっとで手に入ったことは本当にありがたいことでした。

実践を始めるときのヒントは、鈴木氏の本に書かれていた一ページだけでした。それから後は自分で「ああやってみようかな、こうやってみようかな」と試行錯誤しました。写真を貼って夢や願いを書いたり、学級のみんなで話し合って名前をつけたり、友達同士や家族同士で長所を書き合ったりと、改良を加えながら独自の方法で十六年間、実践を続けてきました。

途中でパーソナルポートフォリオから宝物ファイルに呼び方も変えました。それは、評価が目的ではないこと、子どもたちが一度で覚えられるネーミングにしたいと思ったこと、クリアファイルに好きな物を入れていく以外は岩堀独自のメソッドであること、最後は、自分も友達も家族もみんな「宝物」だと気がついてほしいという願いを込めたこと等が理由です。

◆大人にも通用する宝物ファイルプログラム

第四章にも書きましたが、宝物ファイルプログラムを始めると、子どもたちは驚くほど成長しました。効果を目の当たりにした私は、これを世の中に広めたいと思いました。しかし、当時は学力の時代でもあり、心を育てる未知の手法を出版してくれる出版社は一社もありませんでした。そのため一冊目は自費で出版しました。

風向きが変わり始めたのは、二〇〇五、六年ころでしょうか。NHKのドキュメンタリー番組やEテレの子育て番組で取り上げられたりするようになりました。

大きな転機となったのは、二〇〇六年に福岡県で起きたいじめ自殺事件です。この事件を知ったとき、心が痛みました。同じ事件を繰り返してはいけない、少しでも子どもたちの自己肯定感を育てる役に立ちたいと思いました。

そこで自分から発信してみようと思い立ち、宝物ファイルプログラムの自主研修会を開いたのです。最初の受講生はわずか七名でした。しかし、そこから少しずつ参加者のみなさんの口コミで宝物ファイルプログラムの噂は広がっていきました。

「次は、うちの学校にも来てください」

という方が少しずつ現れました。講演会で話をさせていただくと、

「これは子どもだけではなく大人にも役立ちますね」

と言ってくださる方もいらっしゃいました。

二〇〇八年には船井総研の故船井幸雄さんに会わせていただくことになり、船井総研本社ビルの最上階にあるお部屋に伺いました。話ができる時間は三十分と聞いていました。

「初めまして、福井の小学校教師の岩堀と申します。私は子どもたちの自己肯定感を育てるためにこのようなファイルを使って……」

と子どもたちのファイルを見せながら説明をし始めた瞬間でした。ものの三十秒もしないうちに、船井さんが、

「これは大人にも使える！」

と言ってガバッと電話の受話器を取り、

「この人を取材してくれたまえ」

とおっしゃったのです。

何が起きているのか私には全くわかりませんでした。あれよあれよという間に私は秘書課に通され、船井総研の一室で一時間半以上に渡ってインタビューを受けることとなりました。そして、その模様が後日、船井総研のホームページの「この人いいよ」というコーナーで取り上げられるという展開となりました。そのときは「ホームページを読んで感動しました」というメールをたくさんいただきました。


二〇一三年からは本格的に「大人版宝物ファイルプログラム」の開発に取り組み始めました。四月から二年間・四期にわたって、福井県カウンセリング協会でカウンセラーの方たち向けの講座を行い、ここで現在の「大人版宝物ファイル講座」のセッションの原型ができあがりました。

最初に講座の講師を頼まれたとき、

「えっ、私でいいのですか？」

とお聞きしましたが、

「カウンセラーの方々にも自己肯定感を高めてもらいたいのです」

と言っていただき、何事も経験だと思いお引き受けすることにしました。このときのセッションは前期・後期にわかれていて、それぞれ十二回ずつありました。

「今回はこれまでと違ってたっぷりと時間がある。効果的だと思いながら時間がなくてあきらめていたことをぜひ新しいセッションとして行なってみよう」

そう考えて自分の生きてきた軌跡を振り返ったり、両親について考えたりするセッションを実践し始めました。

参加者のみなさんからは、

「こんなふうに自分の人生をじっくりと振り返ったことは今まで一度もありませんでした。でも、この講座に参加したことでがんばってきた自分を認めることができました」

「グループの人に聴いてもらうことは、最初は少し恥ずかしい気もしましたが、次第に気にならなくなり、心地よい時間を過ごすことができました」

「今の自分があるのは両親のおかげだということを改めて考えさせられました。両親に感謝したいです」

などという感想をいただきました。

◆脳科学や心理学の視点から見た宝物ファイルプログラム

さらに二〇一四年には、宝物ファイルプログラムをもっと広げるために、「この効果を科学的に証明して英語で論文にして世界に向けて発表しよう。そのために大学院を受験しよう」と思い立ちました。

受験したのは、「大阪大学大学院大学・金沢大学・浜松医科大学・千葉大学・福井大学連合小児発達学研究科後期博士課程」という長い名前の大学院です。一次試験は英語の筆記試験のみで、その後の面接試験とあわせて合否が決まります。

五十四歳での試験勉強はかなり大変でした。中でも英語は苦手な教科。三十年以上も英語の勉強から離れていた私の英語力は驚くほど退化していましたが、自分なりに必死で勉強した結果、無事合格させていただきました。

受験のときも合格した当初も、教師を続けながら大学院に通おうと思っていました。しかし、教師の仕事は多忙であり、私の年齢では主任も任されます。

その主任が週に一、二日ほど授業のため五時過ぎにいなくなるというのは他の同僚に迷惑がかかる……。一か月以上考えて、退職することに決めました。担任していた四年生のクラスは五年生になるときにクラス替えがありますから、同じ子どもたちを担任することはもうできません。これも私の辞める決心を後押ししました。

とはいえ、三十一年間勤めた教職を辞めることは大きな決断でした。子どもたちとの別れはとても辛かったです。「決断」というのはまさに「決めて」「断つ」ということだとしみじみ思いました。

それでも子どもたちから、

「私たちもがんばるので、岩堀先生もがんばってください」

というメッセージをもらい、涙を拭いて新しい道を歩き始めました。

小学校教師を辞めたことへの寂しさはありましたが、非常勤で新採用教員指導教員をしながら大学院の授業に専念しました。これは、私にとっても大きなプラスとなりました。

一年目は、各大学のキャンパスで遠隔授業システムを使ってリアルタイムで学びました。年間五つの授業を取れば二年生に進級できるのですが、「せっかく入学したのだから、自分が学びたい科目をすべて学ぼう」と思い、九つの科目を受講しました。この大学院は五つの大学が連合していますので、授業はオムニバス形式です。九十分、十五回の授業を五つの大学の数人の先生方が担当されていました。

臨床の現場で患者さんと向き合いながら研究を続け、日本のみならず世界的にも有名な研究をされている先生方の講義では、脳科学や精神医学、発達学等の最新の研究の成果を教えていただきました。

そのような価値ある授業を受講して知識を増やす一方で、私は二つのことをいつも頭に浮かべて学んでいました。その二つというのは、

・自己肯定感は人の心の健康にとって本当に大切な要素なのか
・大人版宝物ファイルプログラムは間違った方向ではなく正しい方向へ進んでいるか？

ということでした。ありがたいことに、答えは、両方ともイエスでした。大学院の講義では、前述した自己肯定感が高いほどうつ病や摂食障害になりにくいことなども教えていただきました。

◆大人版宝物ファイル講座とはどういうものか？
――各セッションの内容

子ども版宝物ファイルプログラムを学校で授業として行う場合の詳細は、私の前著『元気なクラスに変えるとっておきの方法』（学陽書房）に書きました。詳しく知りたい方はそちらをご覧いただくとして、ここでは大人版「宝物ファイル講座」についてお話しさせていただきます。

大人版宝物ファイル講座は十二のセッションを十八時間かけて行います。セッションは次のような順番で進めていきます。実際に講座を受講したくても、近くで講座が開かれていなかったり、忙しくてなかなか時間が取れないという方もいらっしゃると思いますので、ここでその内容をご紹介させていただきます。セッション1とセッション11以外は一人でも行なうことが可能です。

【準　備】

始める前に次のようなものを準備しましょう。

・クリアファイル……ポケットの数は三十前後、表紙が透明で透けているもの

・付箋……イエロー・ブルー・ピンクなどカラフルな色の物。形も星形・ハート型などいろいろ取り揃えると便利です

・コピー用紙と色上質紙……白以外にも、いろいろな色がありますので、お好みで。

・マスキングテープ……いろいろな種類が売られています。絵に自信がない人でもマスキングテープを使うとかなりきれいなページができあがります
・写真……現在の写真一枚と子どもの頃から二十歳くらいまでの写真五、六枚。アルバムの写真をカラーコピーしたりデジカメで撮ってプリントアウトしたものでもかまいません
・その他……カラーペン、のり、はさみ、便箋、シール等

【セッション1】
◯自己肯定感の大切さと宝物ファイルの実践例を学ぶ
自己肯定感に関して特にポイントとなる点を抜粋したテキストや、実物の宝物ファイルを見ながら学びます。
◯カードを使って会話する
カードに書いてある「お題」に従って楽しく会話します。

【セッション2】

○目的を書き、自分の夢を考える

この目的とは次の二つです。

・自分のことを大好きになろう

・家族や友達のことも大好きになろう

目的を書いたら、次に、写真を貼って、自分の夢を書きます。

・英語を話せるようになりたい

・家族が健康でありますように

・温泉旅行に行きたい

など、どんなことでもかまいません。できるだけたくさん書きましょう。

【セッション3】

○自分の長所について考える

・好き嫌いせずになんでも食べられる

・嫌なことがあってもすぐ忘れる
・どこでも寝られる
・友達が多い
など、思いつくままにどんどん書きましょう。ささやかなことでもかまいません。
また、人と比べるのではなく自分が思う通りに書きましょう。

【セッション4】
○宝物ファイルに名前をつけて表紙を作る
まず、宝物ファイルに名前を付けます。参考までにこれまでの名前を挙げますと、
・未来への贈り物
・シャボン玉
・にじ色の花
・ドリームパワー
・ほやほや

・湯ーったり

などがあります。

名前が決まったら、その名前を紙に書き、表紙を作りましょう。このときに、一冊目であることがわかるように数字の「1」を好きな場所に書き入れましょう。

【セッション5】

○自分の人生を三回に分けて振り返る

一回目は「生まれてから小学校卒業まで」を振り返ります。

写真がある人は写真を貼りながら、

・隣の○○ちゃんとよく魚釣りをした

・保育園の先生は、○○先生という若い女の先生でとても優しかった

・『キャプテン翼』をよく読んでいた

など、思い出した出来事をどんどん書き出します。

【セッション6】

二回目は「中学校から十八歳（高校卒業）くらいまで」を振り返ります。中学校になると、部活動や受験のことなども出てくるかもしれません。

・部活動はバレー部に入っていた。顧問の先生は厳しかったけれど、仲間と一緒にがんばった
・漫画は『スラムダンク』が流行っていた
・高校のときは同じ吹奏楽部の先輩にあこがれていた
・受験勉強をがんばった

など、ここでも写真があれば貼って思いつくままに書きます。

【セッション7】

三回目は「十八歳以降」を振り返ります。

・高校を卒業してすぐに就職した
・初めてコンサートに行った

・彼女ができた
・教会で結婚式を挙げた
など、写真があれば貼って思いつくままに書きます。

【セッション8】

○お父さんについて三つに分けて振り返る

①「お父さんの思い出」
・子どもの頃キャッチボールをして遊んでくれた
・おもちゃを買ってくれた

②「お父さんから学んだこと」
・約束は守ること
・始めたことは最後までやり抜くこと

③「お父さんと似ているところ」
・がんこなところ

・口数が少ないところ

というふうに三つに分けて順番に書きましょう。

【セッション9】

○お母さんについて三つに分けて振り返る

①「お母さんの思い出」

・おにぎりの中にいつも梅干しが入っていた

・ケーキを作ってくれた

②「お母さんから学んだこと」

・相手の話を聞いてあげることが大切

・笑顔でいると周りも明るくなる

③「お母さんと似ているところ」

・涙もろいところ

・おっちょこちょいなところ

お父さんのセッションと同じく三つに分けて書きましょう。

【セッション10】

○心に残る出会いについて振り返る

人には、心に残る出会いがあり、その出会いによって今の自分があるとも言えます。このセッションでは、そのように自分に影響を与えた人、もの、こと、本、アニメなどについて振り返ります。

・坂本龍馬
・イチロー選手
・親友の○○さん
・入院していろいろ考えたこと
・『スラムダンク』

など、ジャンルにこだわらず書きましょう。そして、「坂本龍馬――彼の生き方がかっこいいと思えて、自分も何か目的を持って生きていきたいと思いました」などとそれぞれの説明を入れるのもいいでしょう。

【セッション11】

○グループの人とお互いの長所を書き合う

このセッションでは、同じグループの人のいいところを付箋に書いて渡します。書き方は自由です。

もらった付箋は紙に貼って宝物ファイルに入れておきます。

【セッション12】

○メッセージを書く

宝物ファイルをもう一度見返して、自分の人生を振り返り、心に浮かんだ人にメッセージを書きます。相手に渡せることに越したことはありませんが、もしも渡せなかった場合は、あなたの宝物ファイルに入れておいて、渡せるときがきたら渡してください。

この十二のセッションは、私の『ポートフォリオで「できる自分」になる！』で紹介した内容に、「自分の生きざまについて振り返る」「自分の両親について考える」など七つのセッションが加わりました。十二セッション十八時間というとずいぶん長い講座だと思われるかもしれません。しかし、最初は「長くないですか？」とおっしゃっていた参加者の方から、

「えーっ、もう終わりですか～？　時間が足りませ～ん」

「楽しいことってあっという間に時間が経ちますね」

という声をよくいただきます。

◉準　備

色やデザインもさまざま。カラフルなマスキングテープを使ってページを楽しくデザインしましょう。

いろいろな色や形の付箋を選んでみましょう。

◉セッション２…目的を書き、自分の夢を考える

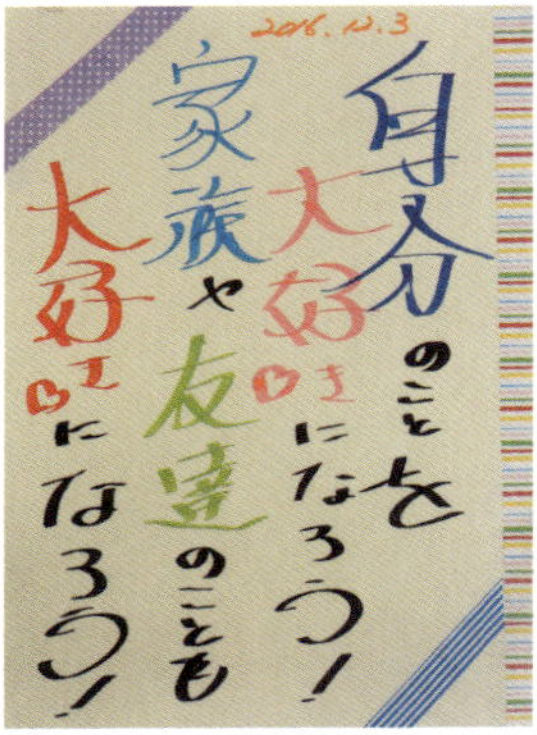

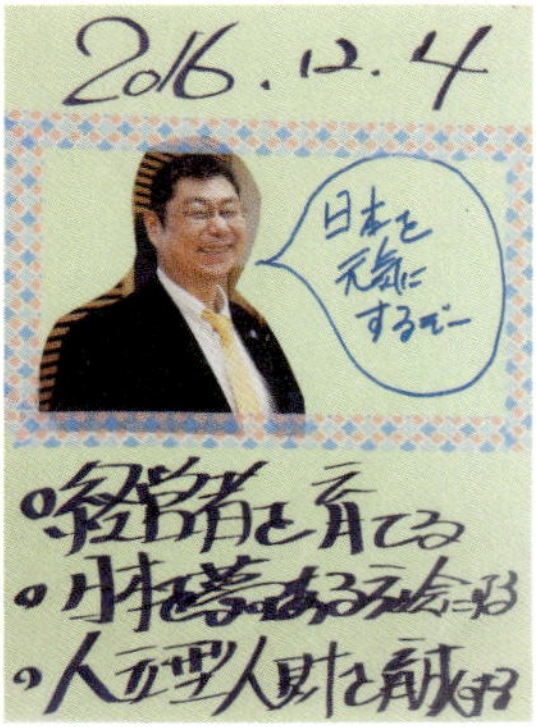

どんなことでも、できるだけたくさん書きましょう！

◉セッション３…自分の長所について考える

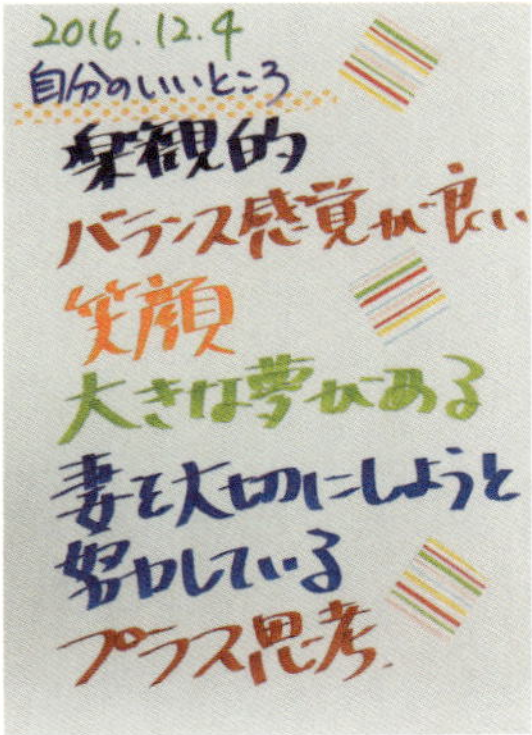

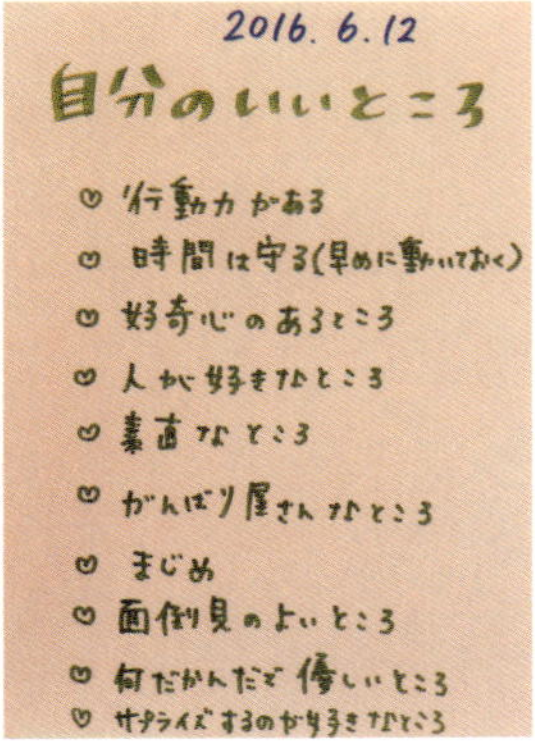

ささいなことでも、思いつくままに書きましょう！

◉セッション４…名前をつけて表紙を作る

名前入りの宝物ファイルの表紙、番号もつけましょう！

◉セッション５～７…人生を３回に分けて振り返る

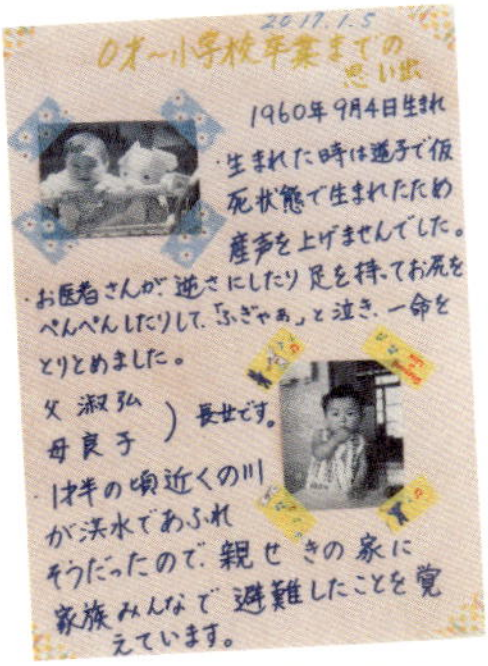

思い出に残っている出来事を写真や絵を交えながら文章で振り返ってみましょう！

見開きの片方のページに写真、もう一方に文章を入れてもＯＫ

配置を工夫して、目でも楽しめるページにしていきましょう！

◉セッション8～9…両親について振り返る

≪お父さんについて≫

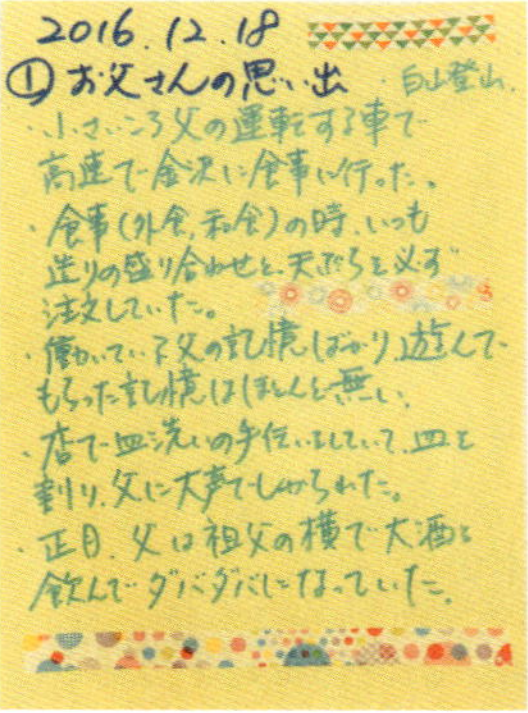
2016.12.18
① お父さんの思い出　白山登山
・小さいころ父の運転する車で
高速で金沢に食事に行った。
・食事(外食、和食)の時、いつも
造りの盛り合わせと天ぷらを必ず
注文していた。
・働いていた父の記憶ばかりで遊んで
もらった記憶はほとんど無い。
・店で皿洗いの手伝いをしていて、皿を
割り、父に大声でしかられた。
・正月、父は祖父の横で大酒を
飲んでダバダバになっていた。

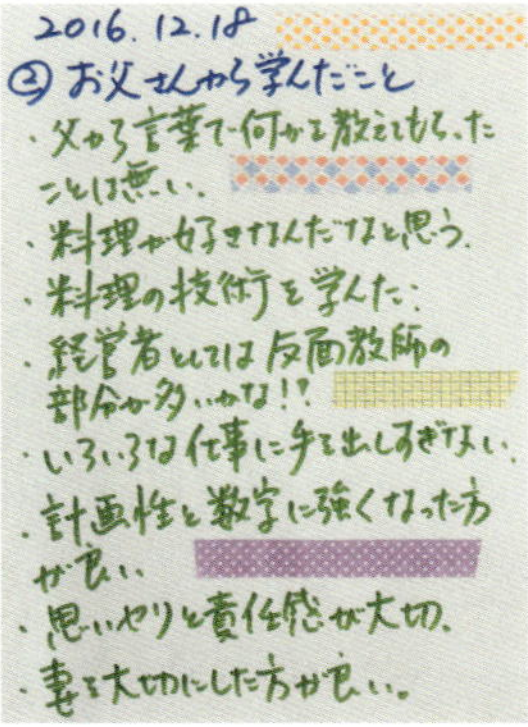
2016.12.18
② お父さんから学んだこと
・父から言葉で何かを教えてもらった
ことは無い。
・料理が好きなんだなと思う。
・料理の技術を学んだ。
・経営者としては反面教師の
部分が多いかな!?
・いろいろな仕事に手を出しすぎない。
・計画性と数字に強くなった方
が良い。
・思いやりと責任感が大切。
・妻を大切にした方が良い。

≪お母さんについて≫

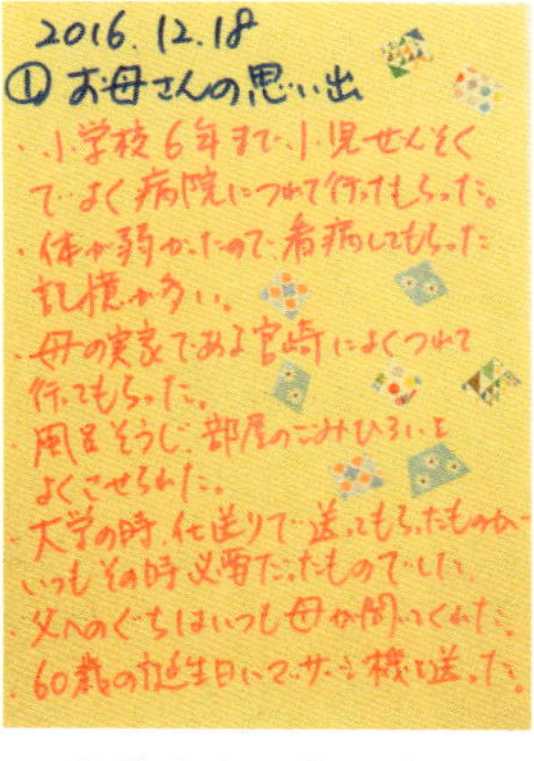
2016.12.18
① お母さんの思い出
・小学校6年まで、小児ぜんそく
でよく病院につれて行ってもらった。
・体が弱かったので、看病してもらった
記憶が多い。
・母の実家である宮崎によくつれて
行ってもらった。
・風呂そうじ、部屋のごみひろいを
よくさせられた。
・大学の時、仕送りで送ってもらったものが
いつもその時必要だったものでした。
・父へのぐちはいつも母が聞いてくれた。
・60歳の誕生日にマッサージ機を送った。

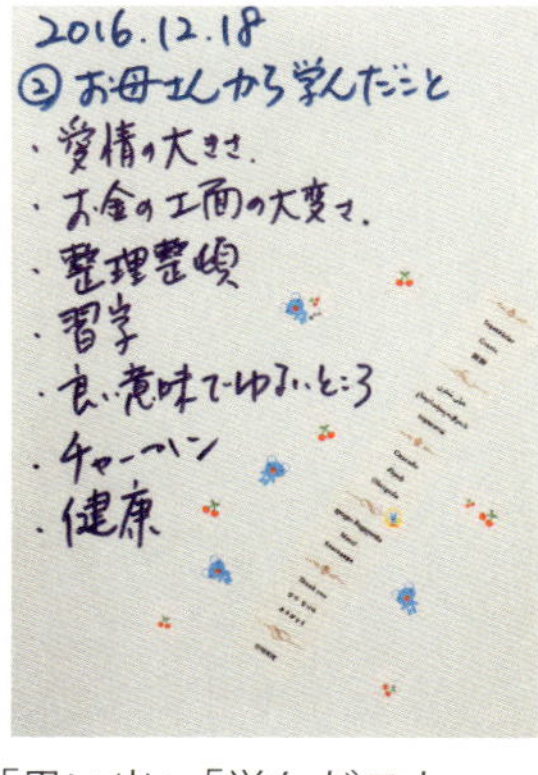
2016.12.18
② お母さんから学んだこと
・愛情の大きさ
・お金の工面の大変さ
・整理整頓
・習字
・良い意味でゆるいところ
・チャーハン
・健康

お父さん、お母さんのことを「思い出」「学んだこと」「似ているところ」の３つに分けて振り返ります。

◉セッション 10…心に残る出会いは？

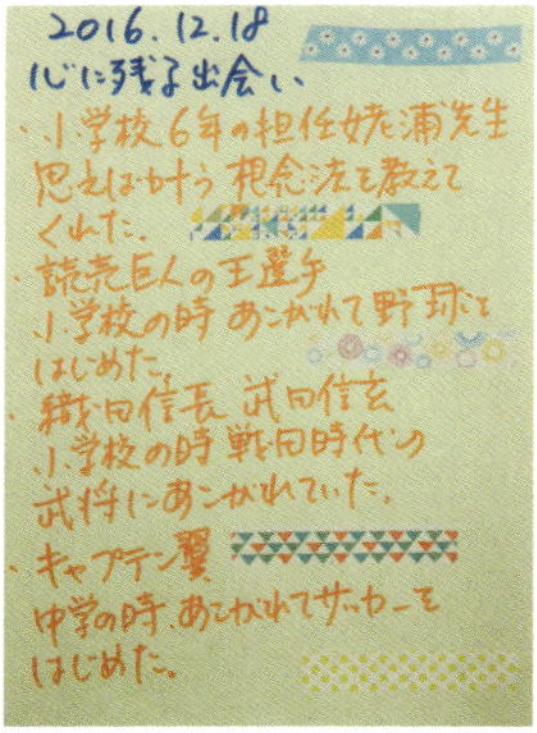

ジャンルは関係なく、自由に書いていきましょう！

◉セッション 11…お互いの長所を書いて交換する

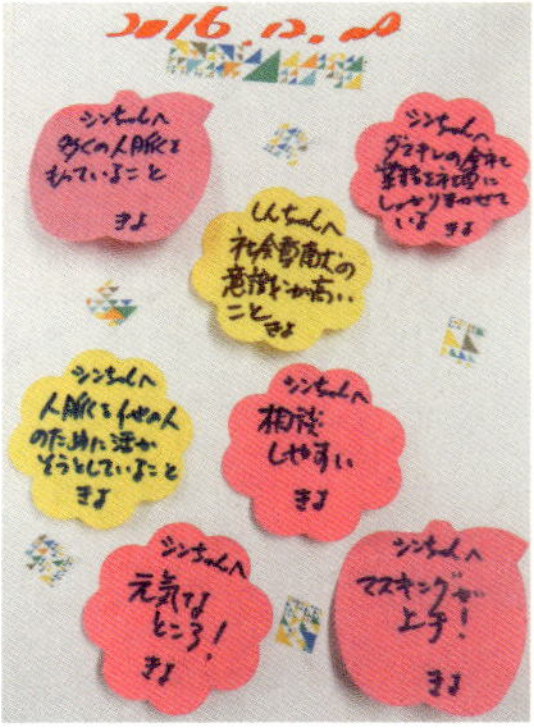

もらった付箋は紙に貼って宝物ファイルに入れます。

できあがった宝物ファイル

宝物ファイルを手に笑顔の参加者の皆さん

宝物ファイルベーシック講座
修了証
此永洋子殿
あなたは宝物ファイルベーシック講座を修了したことを証します
平成28年6月25日
代表理事 岩堀美雪

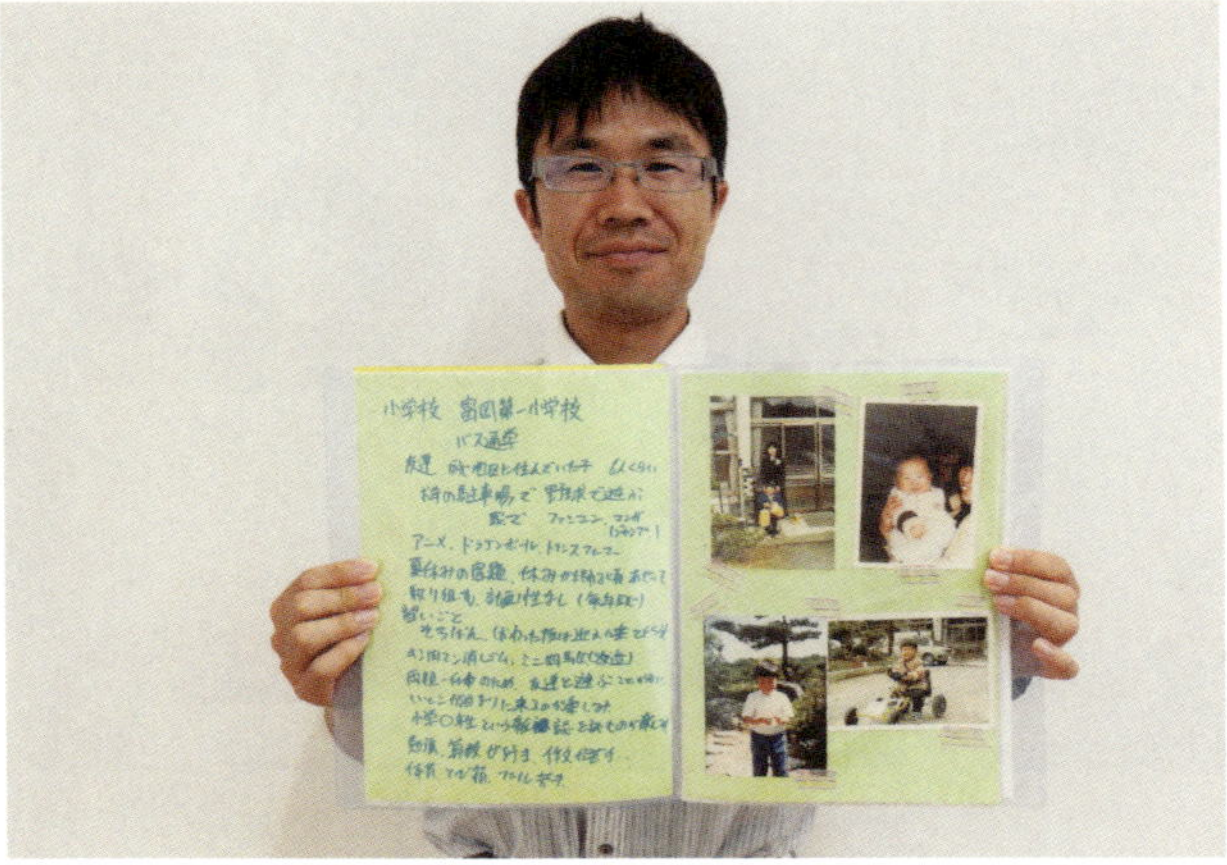

◆なぜ宝物ファイル講座が自己肯定感を高めるのか？
――各セッションの秘密

その1　カードを使った会話の効果

心理学で有名な「ジョハリの窓」をご存じですか？　心理学者ジョセフ・ルフト（Joseph Luft）とハリー・インガム（Harry Ingham）が発表した「対人関係における気づきのグラフモデル」のことで、二人の名前を合わせて、「ジョハリの窓」と呼ばれるようになりました。

これはコミュニケーションにおける自己開示と、円滑なコミュニケーションの方法を探るために考えられた心理学モデルです。この「ジョハリの窓」には次の四つがあります。

・**開放**：自分も他人も知っている自分

・**盲点**：他人は知っているが、自分は知らない自分
・**秘密**：自分は知っているが、他人は知らない自分
・**未知**：自分も他人も知らない自分

この四つの窓のうち、「開放」の領域を広げることが円滑なコミュニケーションのためには大切です。

同じ職場に勤めていても、仕事以外のお互いのことはあまり知らないという人がほとんどです。

「あえてそんなことを話す必要も感じなかった。第一、いつ話せばいいの？」とおっしゃるかもしれません。それももっともな話です。会社というところは忙しいですからね。しかし、お互いのことをよく知って開放の窓を広げると、円滑なコミュニケーションに役立つのです。

「では、どうすればいいの？」

この答えが、セッション1で行う「カードを使った会話」です。カードには、

「好きな食べ物はなんですか？」「子どもの頃の夢は？」「趣味は？」などのお題が書いてあります。そのお題について話をするのです。

「僕は、お蕎麦《そば》が好きです」

と誰かが話すと、

「あ、私も結構好きですよ。〇〇屋のお蕎麦はおすすめです」

などという会話が自然と生まれます。この「自然と生まれる」ことがとても大事です。やらされている感じがなくなると人は楽しさを感じるからです。

たとえば、ある会社の研修でこんなことがありました。いつもは苦虫をかみつぶしているような顔に見える部長がこの「カードを使った会話」でいつになく笑顔で話していらっしゃったそうなのです。

「〇〇部長のあんな楽しそうな顔、初めて見ました！」

よほど驚いたのでしょう。宝物ファイル講座が終わったときに、研修担当の方がニコニコしながら私に教えてくれました。

もしかすると、部長さんは「実はこう見えても昔は足が速くて陸上の選手になりたかったんだ」なんていう話をしたかもしれませんね。そして、こんな機会でもなければ、誰もそのことを知る事はなかったでしょう。「カードを使った会話」には、無理なく自然に、そして楽しく開放の窓を広げていく力があります。

その2　自分の夢を描く効果

あなたは叶えたい夢を持っていますか？

「英語が話せるようになりたい」

「レストランを開きたい」

「家族旅行に行きたい」

などなど、人によって夢はさまざまです。それを書き出すことによって自分が願っていること、本当にやりたいと思っていることをはっきりと自覚することができます。そうした目的で行なうのがセッション2です。

自己を肯定するにはまず自分のことをよく知ることが必要です。仕事に追われているとなかなか考える時間はありませんが、じっくりと時間を取って考えると見えてきます。自分が好きなこと、大事にしたいことが何なのかが――。
さらに、夢を叶えるためには、最低でも次のようなステップが必要です。

・夢をはっきりさせる
←
・どうしたら叶うのか、計画や戦略を立てる
←
・計画を実行する（途中で失敗したり修正したりすることもある）
←
・夢を叶えるまでやり続ける
←
・夢を叶える

夢を書き出すことは最初のステップの「夢をはっきりさせる」ことにもつながり

ます。

自分の夢をグループ内で発表することは支援者を見つけるためにも役立ちます。

たとえば、

「英語が話せるようになりたい」

という夢を語ったとすると、

「それなら、○○駅前の○○という英会話教室がいいよ」

などという具体的な情報を教えてもらえるかもしれません。そうすると、夢を叶えるスピードが速くなります。

また、宝物ファイルプログラムを実践して自己肯定感が高くなると、失敗に強くなったり粘り強くなったりするため、さらに夢が叶いやすくなります。

「オーロラを見に行きたいという夢が叶いました」

「自分のお店を出すことになりました」

「彼女ができました」

などのうれしい報告が届いています。

その３　自分の長所を考える効果

セッション3では、自分の長所について考えていきます。自分の長所を考えることは、直接自分で自分を認めることです。最初はなかなか見つからない人もいらっしゃいますが、じっくり考えたり、他の人の長所を聞いたりしているうちに少しずつ見つかる方が多いです。

「えーっ、自分の長所なんて書けないよ。見つからないよ」

とおっしゃるかもしれません。

あえて申し上げておきますが、もしも一つも見つからなくてもそれはそれでかまいません。それは長所がないのではなく、その時点で自分では見つからないというだけのことです。

ある学習会の講師として招かれて、

「自分の長所を書きましょう」

と言ったところ、七十五歳の男性が立ち上がり、

「私はそのような教育を受けておりませんので書けません」

とおっしゃいました。

私から見るとそれはとても勇気のいる行動ですし、自分に正直な方だなあと思いました。それだけでも「勇気がある」「正直」という二つの長所があるのに、自分では気づいていらっしゃらないのです。それが残念でした。いつか気づかれますようにと心の中で祈ったことを覚えています。

その4　自分の生きざまをじっくり時間をかけて振り返る効果

セッション5から7では、自分の人生を振り返ります。自分の生きてきた軌跡を振り返ることは、自分の過去を肯定することでもあります。

小さい頃の記憶なんて思い出すことは少ないと思われるかもしれません。しかし、実際は途中から記憶が溢れるように思い出されて、

「思いがけずたくさん書けました」

とおっしゃる方がほとんどです。中には、

「不思議ですね。昨日何を食べたかなんてすっかり忘れているのに、何十年も前のことがこんなに鮮明に思い出せるなんて」

とおっしゃる方もいらっしゃいます。このセッションでは自分の人生を「今」という時点で振り返り、捉え直すことができるのです。

こんな方がいらっしゃいました。四十代の男性ですが、

「今の自分がいるのは○○先生のおかげだとわかりました」

と目を潤ませておっしゃったのです。その方は、子どもの頃はいじめられっ子で辛い思いもしたそうです。でも、振り返ってみたら、いつも優しく接してくれた女性の先生がいたことに改めて気づいたそうです。そして、その先生への感謝の気持ちが思わず言葉となって出てきたのです。

世界的なベストセラー『七つの習慣』の中で、著者であるスティーブン・R・コヴィーは、自分の生きてきた軌跡を振り返りシェアすることで、お互いのいら立ちを乗り越えることができると述べています。

彼は、妻が、特定の会社の電化製品にこだわり、買い求めることに長年大変イラ

イラして、爆発寸前でした。このたった一つの問題からさまざまな悪い感情が生じていました。

しかし、お互いの生い立ちについて話をしたら、そのイライラがなくなりました。妻の父親の販売店が経営難に陥ったときに、その会社の支えで乗り切ることができたことを妻の話から知ったからです。彼は、その日のことは一生忘れないと述べています。

このように、それぞれの生きてきた道についてシェアすることは、お互いの関係をよりよくすることにつながります。

その5　自分のルーツである両親について考える効果

セッション8と9では自分の両親を振り返ります。両親のことを認められるようになることは、自分のルーツを認めることにつながります。それは自分が今この世に存在することそのものを認めることです。

ご縁があってお父さんお母さんの子どもとしてこの世に生まれてきたのですから、

少しでも仲良くなっていただきたい。そう思って、両親について、思い出や教わったこと、似ていることなどを考えるセッションを取り入れました。

するとと、

「あれほど親父のことを嫌だと思っていたのに、親父と自分がそっくりだと気づきました」

「両親から大切なことを教わってきたことを再確認しました。ありがとうございました」

などのうれしい感想をいただくことができました。

ずっと確執《かくしつ》のあったお父さんに手紙を書いて渡した女性からは、こんな報告がありました。

「先日実家に帰ったときのことです。何年振りかに父親と自然に会話することができました。するとそれを見ていた主人が『今日、結婚して初めてお前とお父さんが本当の親子に見えた』と言ってくれたんです」

そう話す彼女の顔は、以前にも増して輝いていました。

前述のスティーブン・R・コヴィーは、家族への感謝の大切さについて、『七つの習慣』の中でこのように述べています。

世代を超えて強い絆で結ばれた家族には、素晴らしい力がある。子供、親、祖父母、叔父・叔母、いとこなど、効果的な相互依存状態を達成している家族には、家族の各メンバーに、人間としての本当の価値、自分は何者なのを教えてくれる強大な力がある。

あなたがもしもご両親（あるいはどちらか）との仲がうまくいっていない場合、二つの道があります。そのままにしておくか、わだかまりを捨てて本当の家族として生きていくかです。どちらの道も選ぶことができます。過去に起きた出来事は変えられないかもしれません。でも、それをどう捉えてどのような人生を生きていくか、あなたは自分で選べるのです。

その６　心に残る出会いについて考える効果

人間は一人では生きていけません。いろいろな人と関わりを持ちながら成長していきます。そして、そのときは、両親から影響を受けるのと同じように、周りにあるいろいろな人との出会いから影響を受けています。それを考えてみるのがセッション10です。

あなたが影響を受けたのは、豊臣秀吉や坂本竜馬のような歴史上の人物かもしれません。あるいは担任の先生、親戚のおじいちゃん、おばあちゃん、仲の良い友達かもしれませんし、イチロー選手や内村航平選手のようなスポーツ選手や芸能人などの有名人かもしれません。

また、人に限らず、物語、アニメーション、映画、テレビ番組、飼っていたペット、訪れた場所、旅先で出会った人々などから影響を受けたこともあるでしょう。思い出しているうちに、その出会いがあるからこそ今の自分がここに「在る」ことに気づきます。すると、そこでまた改めて感謝の気持ちが湧いてきます。

このように自分に影響を与えた人やもの、ことなどについて振り返ることは、自分の成長の足跡を振り返り、捉え直すことなのです。それは自分の人生を肯定し感謝することにつながります。

ちなみに、私は、子どもの頃から読書が大好きで、毎日毎日図書室で本を借りて読んでいました。その中で、『二十四の瞳』という本に出合って、小学校教師になりたいと強く思いました。大勢の子どもたちに出会えて楽しい教師生活を送れたのも、この本のおかげだと感謝しています。

その7　周りからポジティブフィードバックをもらう効果

心理学や脳科学の研究で、「ポジティブフィードバック」が大切であるということが言われるようになりました。ポジティブフィードバックというのは、他人のよい点・長所を認めて褒めることです。大人版宝物ファイル講座でも、セッション11で同じグループの人のいいところを書いて渡すようにしています。

第一章で「学習性無力感」という言葉をご紹介しました。

動物愛護が叫ばれている現代では承認されない研究かもしれませんが、一九六四年にアメリカの研究者セリグマンが次のような実験を行いました。

犬の脚に電極を付け、Ａ群とＢ群に分けてそれぞれ別の部屋に入れて電気を流します。犬たちにとってはその電気の刺激は苦痛で嫌な刺激です。

それぞれの部屋には仕掛けがしてあります。Ａ群は鼻でボタンを押すとその嫌な刺激が止まります。一方、Ｂ群は何をしても電気刺激は止まりません。Ａ群の犬がボタンを押したときだけＢ群の犬は電気刺激から逃れられるのですが、自分でコントロールすることはできないのです。

その装置で何度も電流を流すと、Ａ群の犬たちは次第に電流が流れるとすぐにボタンを押すようになります。一方、Ｂ群の犬たちは初めのうちは電流に抵抗して暴れますが、次第に何も行動を起こさず、甘んじてその嫌な刺激を受け続けるようになります。

その後、犬たちはあるスペースに入れられました。そのスペースの真ん中には低い壁があります。片側だけ床に電流を流すことができるような仕掛けがしてあります。

電流を流すと、嫌な刺激を自分でコントロールできていたA群の犬たちは、壁を飛び越えて安全な場所に移動しました。

しかし、自分ではコントロールできなかったB群の犬たちの多くはそのスペースから移動せず、甘んじて嫌な電流を受け続けていました。壁を飛び越えることができなかったのです。刺激を自分でコントロールできなかったことで、本来であれば簡単にできる行動すらも「できない」とあきらめてしまったのです。

これを「学習性無力感」と言います。

その後の研究では、自分で避けることができない苦痛によって食欲減退、睡眠障害、注意力や身体活動の低下などが起きることが発表されました。

これらはある病気の症状と似ていると思いませんか？　そうです、うつ病の症状です。

では、人間の場合、この実験の電流に当てはまるものとはなんでしょうか？

たとえば会社であれば、部下を否定し続ける上司の言葉がそれに当てはまります。何をしても否定されることが続くと次第に元気がなくなり、自分は何をやっても駄目だ、できないと思い込んでしまいます。それがひどくなると、うつ病や離職につながります。

このように人が「学習性無力感」を持ってしまった場合、どうすればやる気を取り戻すことができるでしょうか?

それが宝物ファイルでも取り入れている、お互いのいいところを書き合う活動、周りからのポジティブフィードバックなのです。わかりやすく言うと、肯定的な言葉かけを行なうということです。

なぜ周りからの言葉が有効であるかというと、自分で「もうだめだ」と思い込んでしまっている人は、自分の力で現状を変えていくことができないからです。そういうときに、周りからの言葉が必要になってくるのです。このポジティブフィードバックを取り入れた結果、先に述べた次のような言葉が出てくるようになりました。

「何年間も勤めてきて今日が一番うれしい日です」

「いつもはロッカーに辞表を忍ばせている私ですが、またこの職場でがんばれそうです」

　こうした言葉が出てくるのを聞いたとき、私は改めて言葉の持つ力のすごさを実感ました。このポジティブフィードバックは一人ではできません。もしも、自分一人で宝物ファイルを作る場合には、家族に頼んであなたのよい点・長所を書いてもらうといいでしょう。

　第一章でもお伝えしましたが、幼児期に暴言（心理的な虐待）を受け続けると、脳の聴覚野という部分が影響を受けます。これは、子どもたちの悲しい自己防衛反応ではないかと思われます。ネガティブな言葉が脳に影響を与えることを考えると、ポジィティブな言葉は脳によい影響を与えることも容易に推測されます。

　あくまでもまだ仮説ですが、「変形してしまった脳は、ポジティブな言葉がけや長所に目を向ける宝物ファイルプログラムでもとに戻ることがあるのではないか」と考えています。今後、ぜひとも研究していきたい課題です。

その8　アウトプットして可視化する効果

宝物ファイルプログラムの一番の特徴は、講座の中で生み出されたものをクリアファイルに入れてて可視化するということです。そうすると自分自身で振り返ったり、他の人に説明しやすくなります。

人は、五感を使って情報を脳にインプットしています。五感とは、視覚、聴覚、嗅覚、触覚、味覚のことです。それぞれによる知覚の割合は、視覚八三・〇％、聴覚一一・〇％、嗅覚三・五％、触覚一・五％、味覚一・〇％であると報告されています（産業教育機器システム便覧）。

このように視覚の割合が圧倒的であるため、可視化は情報を伝える手段として優れていると言えます。

また、目から入る情報は耳から入る情報よりもはるかに大量のことを相手に伝えることができます。昔の人は、「百聞《ひゃくぶん》は一見にしかず」と言いました。公開情報「触覚伝達機器設計支援情報」のデータをもとにしますと、目から入る情報は、耳から入る情報の約千倍と言えます。それほどに目から入る情報は多いのです。それだけ可視化することは重要なのです。

その9　内発的な動機づけを大切にする効果

二番目の特徴は、「何を入れても間違いではない」ということです。人と比べる必要もありませんし、自分が思ったこと、考えたことを素直に書いていけばいいのです。

もしも、見つからない場合はそれでもかまいません。先にも述べましたが、それは今見つからないというだけのことですから。一人ひとり顔が違うように、歩んできた人生もさまざま、考え方もまたさまざまです。

講座では、アドバイスやサポートはさせていただきますが、

「こうしなければならない」

「ああしなければならない」

ということは全くありません。

どのようなことを書くのかわからないという方のためには、参考にしていただけ

ればよいように、テキストに事例をたくさん載せてあります。そのため、みなさんが安心して取り組んでいただける講座となっています。

また、講座終了後も自分で選んだものを入れていきますが、この「自分で選んで入れていく」ことがとても大切です。

産業・組織心理学において、会社を支える社員のモチベーションアップには内発的な動機づけ（興味や関心、好奇心など、自分の内面からの動機づけ）が大切であると言われています。また、どんなに好きなことでも外発的に動機づけられる（評価、賞罰、強制など、人為的な動機づけ）と興味が減退していくことも報告されています。

宝物ファイル講座では、ファイルに入れるものを自分で選択します。自分で「残したい、入れたい」と思うものは、内発的に動機づけられているので、興味関心が長続きします。

企業で導入する場合でも、「研修をやらされている」という〝やらされ感〟はかなり低くなります。それぞれのセッションが楽しく取り組めるので、研修の効果も上がるのです。そうやって従業員の方の自己肯定感が高くなると、第二章でお伝えしたような効果が出始めるのです。

その10　グループで学ぶ効果

あなたは旅行に行くとき、友達や家族と行ったほうが楽しいですか？　それとも一人のほうが楽しめますか？　一人のほうが楽しいという方もいらっしゃると思いますが、仲間がいたほうが楽しいという方のほうが多いのではないでしょうか？

宝物ファイルプログラムの場合も同じです。グループで（会社の場合は同僚と）学ぶと、効果は格段に上がります。共に学ぶことにはたくさんのメリットがあります。最も大きなメリットは、自分が書いたことを言葉にして直接仲間に伝える（アウトプットする）と、それが自己開示につながることです。しかも、濃い情報となって相手に自分の気持ちを伝えるとき、電話で伝えることも、対面で話をすることも、声に出して言葉で伝えるという点では同じです。しかし、対面で話をすることには、声だけで伝える電話に比べて大きなメリットがあります。

どんなメリットでしょうか？

それは、直接話をすると言葉以外の情報がたくさん入ってくるという点です。

言葉以外の情報を手掛かりに他者の心理を読み解くコミュニケーションを「非言語コミュニケーション（ノンバーバル・コミュニケーション）」と言います。この非言語の情報には、身振り、表情、スタイル、容貌、皮膚の色、匂い、接触行動などがあります。

アメリカのコミュニケーション学者レイ・バードウィステルは、個人対個人が直接会って伝えるメッセージの伝達力について、言葉で伝わる割合を三五％、その他の非言語手段を六五％と報告しています。

直接話すときには、言葉のやりとりによる情報伝達以上に、相手の表情やしぐさ・動作などから、その人の伝えたい情報や感情をより多く汲み取っていることになります。

また、会話の中に現れる声の大きさや質、話し方、テンポ、笑い、あくび、ちょっとした声の質や話し方などの情報を「バラ・ランゲージ」と言います。会話をしている人は、こうしたバラ・ランゲージからその人の人柄や心の状態を読み取ることができます。

宝物ファイル講座では、このような言葉にならないメッセージや、言葉に付随して表れるメッセージを読み取ることができます。つまり、相手と自分の直接的なやり取りによる情報量が多くなるということです。そのため、企業で取り入れると社員同士のコミュニケーションを図ることができ、お互いをよく理解できるようになります。

「心の距離が縮まった気がします」

という感想は、まさにこのことをよく表しています。いつも一緒に働いている同僚であれば、その後の結びつきは非常に濃くなっていくでしょう。

また、一人で参加される方も心配はいりません。全十八時間という時間をともにした同じグループの仲間は、たとえその講座で初めて会ったとしても、仲良くなること間違いなしです。

実際、新しい友達が増えることが楽しくて複数回参加してくださる方もおられま

した。

「自分以外の方の人生も体験できた気がしてとても楽しかったです」

という感想もいただいています。

◆ベストセラー作家の精神科医も認めた宝物ファイルプログラム

子ども版宝物ファイルプログラムの実践を始めて十年以上の間、ずっと疑問に思っていたことがあります。それは、「なぜこれほど効果があるのか？」ということです。

この疑問を解くために大勢の方から意見をもらいたいと思って、福井大学大学院教育学研究科を受験したのです。五十歳のときでした。

合格させていただいて、ラウンドテーブル（グループ内で自分の実践を発表して意見交換する授業）を行いました。みなさんが私の実践に対して肯定的な意見をくださったことはありがたかったのですが、先の疑問はそのままでした。「自分でも学ぼ

う」と思い、心理学関係の本をたくさん購入しては読み漁りました。その中に、『自己評価の心理学』（紀伊國屋書店）という本がありました。フランスのベストセラー作家で精神科医のクリストフ・アンドレ先生とフランソワ・ルロール先生の共著です。この本を読んだときに「この本は、自分が実践してきたことを説明してくれている」と感じました。

読み終えた後、

「この方たちに会いたい！」

と強く思いました。今振り返ると、「会いたい」なんて突拍子もないことを思ったものです。

この本には、自己肯定の大事さ、自分を好きになると「行動力」「自信」「決断力」「向上心」「粘り強さ」が育つばかりでなく、「失敗に強い」「相手を認めることができるようになる」などということが書かれていました。

ただ、惜しいことに、「自分を好きになるためにどうすればよいか」という部分があまり具体的に書かれていませんでした。もしお二人の著者が宝物ファイルプロ

グラムを知ったらなんとおっしゃるだろうかとも思いました。

思い立ったらいても立ってもいられなくなりました。なんとかこの方たちに会うことはできないかと考えました。しかし、英語すらまともに話せないのにましてやフランス語なんて全くわかりません。フランス人の知り合いもいません。

「うーん、どうしよう……」

困った私の頭の中に「そうだ。以前友人がフランスと日本を行き来するジャーナリストさんを取材したことがあると言っていた」ことが思い出されました。

なんとかその人に会わせてもらえないだろうかと友人に連絡をすると、なんとその人は「今、日本にいるけれど、明日、中国に出発する」というのです。そして、翌日の午前十時から十三時までなら時間があるというのでした。

「わかりました。明日の朝一番の列車で東京へ行きます！」

私は即答しました。そして二〇一一年八月十六日の午前五時台の列車に乗って東京へ向かいました。十時過ぎに渋谷で南谷さんという女性ジャーナリストにお会いすることができました。

私の話を熱心に聞いてくださった南谷さんは、

「わかりました。私が間に入りましょう。この年になると日本とフランスの架け橋になるようなことがしたいと思っていたのです」

と快諾してくださいました。

こういうわけで、私が通訳として南谷さんを雇うという形となり、二〇一二年一月一日夕方、私はフランスのシャルル・ド・ゴール空港に降り立っていました。

押しかけ同然にフランスまで来てしまい、アンドレ先生のご自宅の前に立ったときは、さすがに緊張していました。しかし、アンドレ先生は奥様と一緒に笑顔で出迎えてくださいました。話を始めると、大変落ち着いていらっしゃる知的な方だということが伝わってきました。

南谷さんを介して私の話をじっくりと聞いてくださった後、先生は真剣な顔でこうおっしゃいました。

「世の中の本物というものはすべてシンプルです。しかし、それでいて大変に奥が深い。それこそが本物です。あなたのなさってこられたのは、まさにそれです。これまでの十年以上これだけの実績があるのだから、今後の十年間はこれを世に広めていくことがあなたの使命です」

心が震えました。

アンドレ先生に思いがけない言葉をいただいて、本当にうれしかったです。

以来、どんなに辛いことがあっても、あのときアンドレ先生からいただいた言葉を思い出して心を奮い立たせています。

第四章

宝物ファイルが起こした奇跡

◆かく言う私も自分のことが嫌いだった

「岩堀先生は自分のことがずっと好きだったのですか？」

講演会や講座の参加者のみなさんからよく聞かれました。

「いいえ違います。それどころか嫌いも嫌い、大嫌いでした」

と答えると、みなさん、驚かれます。

前でも少し触れましたが、とにかく背が高くて手も足も大きな自分が嫌いでした。高校三年生くらいから大学時代が一番きつかったと思います。

大きな自分が目立たないようにと、ヒールのないぺったんこな靴を履き、背中を丸めて歩いていました。母親からは「猫背になっている」と肩を後ろから引っ張られました。小さくてかわいい子がうらやましく感じましたが、身長だけはどうすることもできません。人からどう見られているか、いつも気にしていました。

大学時代に下宿をしていたとき、管理人のおばさんのところに来ていたおじさんと話をしていたら、こんなことを言われました。

「あんたには人としての険《けん》がない。それ自体は悪いことではないけど、あなたの場合は険がなさすぎる」

そのときは不思議なことを言う人だなとしか思わなかったのですが、今ではおじさんの言おうとしていたことがよくわかります。当時の私は無意識のうちに人からよく思われたくて、よい人になろうよい人になろうとしていたのです。そのことが苦痛でもなんでもないくらいに……。

そんな私が、「自分は自分、人と比べなくてもいいんじゃないか」「背の高い、手の大きな、足の大きな自分でもいいではないか」と思えるようになったのは大学三年生の終わりの頃でした。

以来、少しずつ少しずつ自分を認めることができるようになって、五十歳を超えた今では、

「大好きです」

と言えるようになりました。自分のことを認められるようになればなるほど、生

きていることが楽しくなっていきました。

「洋服も好きなものを着たい、マニッシュなものばかりではなくピンク色の服も身に着けたい」

「ヒールのある靴も履いてみよう」

人からどう見られるかではなく、自分が好きなものを身に着けるようになりました。

また、うまくいかないことがあっても、

「これもきっとこれからの人生の糧になる」

「今回はダメだったけど、他に方法はないかもっと考えよう」

と思えるようになりました。

厳しい上司に出会い、否定的な言葉を浴びせられても、

「人からこういうふうに言われると辛いから、自分は気をつけよう」

と、その言葉を真に受けて悩むのではなく、反面教師とすることができるようになりました。

「また一つ学ばせていただきありがとうございました。ただ、私は落ち込んでいる暇はありませんので次に進ませていただきます」

心の中で手を合わせてその方の幸せを祈りつつ、気持ちを切り替えることができるようになりました。

余談ですが、髪形も変わりました。高校を卒業するときはショートヘアでした。自分のことが嫌いで髪形も変えたかった私は、

「自分は一生この髪形には戻らない」

と決めて、高校を卒業してからずっと髪の毛を伸ばしていました。短いときで肩につくぐらいの長さ、長いときには肩下三十センチはあったでしょうか。

それが二〇一三年十一月三日の朝、突然、

「今日、髪をショートヘアにしよう！」

と思い立ったのです。一番驚いたのは、行きつけの美容室の店長さんです。

「ほんとにいいんですか」

と三回も聞かれました。

「いいんですっ。バッサリ切ってください！」

私はそう答え、三十五年ぶりにショートヘアになりました。このとき、宝物ファイルプログラムを始めて十三年が経っていました。なぜ突然イメージチェンジをしようと思ったのか、今考えると「自分が好きではなかった時代を思い出したくない」というこだわりがなくなったからではないかと思います。

◆実践者が一番驚いた効果の数々とその後

宝物ファイルプログラムを始めると、私もびっくりするような出来事が次々と起きてきました。

【ケース１】長所に焦点を当てたら荒れていた学級が蘇った

あるクラスを担任した四月のことでした。
驚いたのは、授業が始まっても教室を飛び回っていて席に着こうとしない子が多かったことです。足元を見ると、上履きがスリッパのようになっていました。かかとを踏んでいるのです。言葉づかいもよくなく、「うざい」「きもい」「殺すぞ」などの言葉が横行していました。

また、何かあると、

「男子が悪い」

「女子が悪い」

と男子と女子が対立していました。

「どうせ私（ぼく）なんて」

と口にする子や、嫌なことをされても笑って我慢しているように見える子などもいました。それまで担任したクラスでもそんな子がいないわけではありませんでしたが、その人数が圧倒的に多いと感じました。

このクラスで今まで自分がやってきたことが通用するのだろうか――。

私は不安でした。宝物ファイルプログラムの実践に関してもひるんでいました。

それまで生徒指導が困難なクラスを担任している先生に宝物ファイルプログラム

の導入について相談されると、「がんばってください。何かあったらいつでも連絡をください。応援していますから」と答えていました。

その自分が逆の立場になったら逃げるのか？　私は逃げたくはありませんでした。しかし、そのクラスの現状では導入すら難しいように思われました。

何日間か悩んでいるときに、こんなことに気づきました。

「自分は目の前のすべての子どもにものすごい効果を期待して気が重くなっていた。しかし、たった一人でもいいんじゃないだろうか。このクラスの中でたった一人でもやってよかったという子が現れたら，それは何もやらなかったよりも値打ちのあることではないだろうか」

そう考えると気持ちがすっと楽になりました。

「とにかく始めてみよう」

と思い、ファイルを購入しました。

こうして始めてみたものの、目的を書き、夢や願いを書いたり、自分の長所を書いたりしているとき、子どもたちはあまり気乗りがしないようでした。担任が言うからなんとなく入れているという感じでした。自分のいいところを書くときも、たくさん書ける子は少なかったのです。

その頃は朝、教室に行くのも気が重いという感じでした。これまでの経験では、四月より五月というように時間が経てば経つほど子どもたちとも馴染《なじ》んできて、どんどん毎日が楽しくなっていきました。

しかし、そのクラスは六月の終わり頃になってもなかなか手応えはありませんでした。相変わらず叱ってばかりいる自分がいました。

指導主事訪問日（市の教育委員会の教員指導担当の先生が、学校を訪問して指導する日）のときに指導主事の先生と話したとき、私はこう言いました。

「相変わらず大変なことが多く、これがよくなったということは何もありません。しいて言えば、言葉づかいでしょうか。

四月の初めに『もう五年生になったのだから丁寧な言葉を使いましょう』と言って、『です、ます』を使い始めました。

それからは、一度も見逃さず、子どもたちが間違えると、『はい、もう一度言ってみようね』とオウム返しのように投げかけていました。それで今では大体丁寧な言葉が使えるようになりました。それくらいなんです」

すると指導主事の先生が思いがけない言葉をおっしゃったのです。

「一つでも成果があったのならすばらしいじゃないですか」

それを聞いて、私ははっとしました。

「私はこれまで子どもたちの悪いこと、足りないことばかりに目を向けてイライラしたり叱ったりしていた。もっといいところを見るようにしよう。一人一人を注意深く見ているとよくなっているところもあるのではないか」

そして、実際にそのような目で子どもたちのことを見ると、

「そういえばA君はけんかの回数が減ったな」

「そういえばB君は手を挙げて発表できるようになったな」

「そういえば授業が始まったら席につけるようになったな」

などと気づきました。他のクラスと比べるのではなく、子どもたち自身の成長に目を向けてよくなっている〝芽〟を探すと、今まで見えなかったものが見えてくる

ようになったのです。

宝物ファイルの活動で友達同士いいところを書き合った後、私も子どもたち全員にいいところを書いて渡しました。

その頃になると、私も子どもたちのいいところがますますたくさん見えるようになってきましたので、あっという間に書き終えることができました。飛び回るのはエネルギーがありあまっているだけ、自分が思ったことをつい口に出してしまうのはその子の癖で心の中では深く考えているわけではないこと、けんかするのも無視することよりもましではないか、などなど。

六年生になると、小さな問題は時々起きるものの、クラスはとても落ち着いてきました。秋の市や県の陸上の大会で、子どもたちはすばらしい活躍を見せました。六年生を送る会のお礼の出し物でヨサコイソーランを踊って大喝采を浴びました。

迎えた卒業式。私は練習のときから気合いが入っていました。

「みんなにはいいところがいっぱいある。今こそその力を発揮して、保護者や先生方に見てもらうときです！」

そう言って、返事も歌も徹底的に練習しました。体育館で一人一人声出しをしたこともありました。とにかく、成長した子どもたちを見てほしかったのです。子どもたちは大きな声で返事をし、元気よく歌うことができるようになりました。

式当日の朝、音楽主任から、

「在校生は体育館で声出しをします。卒業生は教室で一回だけ歌の練習をしてきてください」

と、お願いされました。ＣＤをかけようと思い、教室に向かう階段の途中。ふと思いました。

「この子らは私が毎日『大きな声出して、口あけて』と叱咤激励してきたから大きな声で歌っただけなのかもしれない。

もしここで、私が普通の声で『最後の練習ね』とだけ言ってあとは何も言わずにＣＤをかけたらいつものように歌うのだろうか。歌える子に育っているのだろうか……」

そこにこそ私が二年間行ってきたことの答えがあると思えました。

でも、その答えを知るのが怖かったです。

「いつも通り、『最後の練習だから大きな声で歌うよ！　口もあけて！』と激励しようかな。それとも激励はなしにして『最後の練習ね』とだけ言おうか……」

迷いました。迷った末、「最後の練習ね」とだけ言ってCDラジカセのボタンをポンと押しました。

すると……。

子どもたちは歌いだしました。教室の窓が割れるのではないかと思うほど大きな声で。全員が大きな口を開けています。泣いている子も何人もいました。その様子を見ながら私も涙が溢れました。

悩み過ぎて食事も喉を通らず、夜もなかなか眠れない日々もありました。もがき、苦しみ、悩み、求め続けた二年間でした。

しかし、宝物ファイルプログラムの実践は、その間も私を支え続けてくれました。子どもたちのいいところをはっきりと意識できたおかげで、たくさんのことを学ばせていただきました。そして、こんな担任でも子どもたちは予想以上に成長し、とても仲のよいクラスになったことを心からうれしくありがたく思いました。

「先生、私、このクラスでこんなに楽しい日が来るなんて夢にも思いませんでした」

そう言ってくれた子どもたちの言葉が今でも忘れられません。

【ケース2】宝物ファイルによって絆を取り戻した家族の十年後

宝物ファイルプログラムを行ってきた中で、保護者のみなさんからもうれしい声をいただきました。

これはある生徒（A子さん）のお話です。保護者会で座っていますと、教室のドアをガラガラと開けるなり、一人のお母さんがぴたっと〝気をつけ〟の姿勢をして、

「先生、このたびは本当にありがとうございました！」

と言ってお辞儀をされました。

私は何も身に覚えがなかったので、

「どうされましたか？」

と聞きました。すると中に入ってきて話をしてくださったのです。

「うちの娘が『私のいいとこ書いて』と言って便箋を持ってきました。私、即答であの子にこう言ったんですわ。『あんたのいいとこ？　一個もないわ！』って吐き捨てるように。そうしたら、うちの娘が私のいいとこ一個もないの？　と言って大泣きしてしまいました」

私は作り始めた宝物ファイルを、

「持って帰ってお家の人にも見てもらってね」

と子どもたちに言っていたのですが、お母さんが見てくださったのは、友達からのメッセージのページだったのだそうです。

お母さんがおっしゃるには、A子さんは家では二人のお姉ちゃんと自分を見比べて、「そんな細かいことにこだわらなくてもいいのに」ということにこだわって、ごねて拗ねていたそうです。だから、

「いいとこなんて聞かれたって一個もないわ！」

と自信を持って言えると思っていたというのです。

そんな我が娘に対してクラスの子が「明るい」「元気がいい」「笑顔がいい」と書いてくれているのを読んで、

「親として、これではあかん、と思いました」

と言われました。

その後がそのお母さんのすばらしいところなのですが、

「夕食の終わったテーブルで、家族会議を開きました。おじいちゃん、おばあちゃん、お父さん、お母さん、お姉ちゃん二人。六人で頭を突き合わせて、『あの子のいいところはどこやろね』と言いながらみんなで相談して、手分けして書かせていただきました。いい機会を与えていただいて、ありがとうございました」

そのお礼を言いにこられたのです。そのお話を伺い、私もうれしくなって、

「そうですか、良かったですねぇ」

と言って喜びました。

A子さんが六年生になり、ご縁があってまた担任をさせていただくことになりました。

春の家庭訪問のときのことです。宝物ファイルプログラムの話になったときに、お母さんがポンッと膝を叩いて、

「そういえば！」

と叫びました。

「どうされましたか？」

と聞きましたら、

「先生、なんや知らんのですけど、家族の者があの子のいいところを書いてから、ぴたーっと反抗せんようになりましたわね」

とおっしゃったのです。

「本当ですか？　私もうれしいです」

と答えました。

私はそのときは勉強不足だったのですが、今だとわかります。ああ、あの子は家族のみんなに自分のことを認めてもらって家での心の居場所ができたのだな、と。

その心の居場所を専門的に言うと、所属欲求と言います。この欲求は大変強いも

ので、生存欲求よりも強いという心理学者もいるほどです。この所属欲求が満たされると気持ちがとても落ち着くのです。

実はこのお母さんと、今から四、五年前に偶然再会しました。

A子さんが小学校を卒業してから十年ほど経っていました。

それは福井県の連合婦人会の講演会の講師として呼ばれたときのことです。千人以上入る大きなホールの受付には何人かの方が座っていらっしゃいましたので、

「こんにちは。今日はお世話になります。どうぞよろしくお願いします」

とあいさつした後、私の目はまん丸になりました。その受付にA子さんのお母さんが座っておられたのです。

「先生、お久しぶりです」

「お、お久ぶりです」

驚くと同時に、

「あのー……、あのときのA子さんとお母さんのことをいつも講演会でお話しさせていただいているのですが……。大丈夫でしょうか？」

と申し上げますと、

「大丈夫ですよ」

と言ってくださいましたので、いつものように講演をさせていただきました。

控室に戻ってきたときのことです。そこには、うさぎの眼のように真っ赤に泣きはらしたお母さんがいらっしゃいました。お母さんは、

「先生、今日のお話で、辛かった子育てのことを久しぶりに思い出しました。おかげさまであれ以来、娘は本当にいい子に育って、今は高校を出て元気に働いています。本当にありがとうございました」

とおっしゃいました。

「そうですか！　それは本当によかったです」

思わぬ場所でこんなうれしい報告を聞かせていただきました。宝物ファイルプログラムを行なってきて、本当によかったと思いました。

【ケース3】教科書も開かなかった子が一年間で驚くほど変わった

もう一人、宝物ファイルプログラムによって変わった男の子（B男さん）の話をしたいと思います。

四月、初めて顔を合わせた頃のB男さんは、授業中もなかなか席につかず、教室の隅っこで上目遣いで睨むように私を見ていました。どうにかして席に着かせても、教科書やノートをまともに開けようとはしませんでした。

宿題もやってこない日のほうが多く、やってきたとしても、二つのうち一つだけ、というような状態でした。友達に対して些細なことで腹を立て、毎日けんかが絶えません。クラスのみんなが使っている漢字や計算のドリルもどんどん遅れていきました。

授業の終わりに、

「このページまで直し終わった人から休み時間にしようね」

と言っても途中で遊びに行ってしまって、気がつくと教室にいないということも度々ありました。

そんなB男さんに対して宝物ファイルプログラムの実践を始めたものの、その他はどうするといいのか手探り状態でした。

まずはできることから始めてみようと思い、放課後に個別指導をすることにしました。どうにかみんなに追いつき、授業のときに同じスタートラインに立てることを目標に、週一回程度、三時過ぎから五時半までの個別指導が始まりました。主に算数の学習をしました。

B男さんは、最初の頃は集中力がなかったものの、途中から少しずつ集中できるようになっていきました。最初は一ケタ＋一ケタの計算練習です。指を使いながら行ないました。その次は、繰り上がり・繰り下がりがある足し算や引き算。その次は、九九を使った掛け算というように、少しずつ進んでいきました。

時間がかかりました。最初は間違うこともありましたが、次第に正確にできるようになってきました。

二学期になると、

「先生、今度いつ放課後の勉強やるんですか？」

と聞きにくるので、

「今週は水曜日だよ」

と言うと、

「やったぁ」

と言いました。

放課後の勉強を楽しみにしてくれるようになってきたのです。その言葉を聞いてとてもうれしかったことを覚えています。

宿題も一学期に比べると提出する日が増えてきました。そして……。

二学期の終わりに、B男さんと私にとって一つのとても大きな奇跡が起きました。掛け算の筆算という授業が終わった後、まとめのテストを行いました。市販の問題を使って行なったのですが、三十二人のクラスで百点が四人いました。そして、そのうちの一人が彼だったのです。

本人もびっくりしていたのですが、他の子たちもびっくりして、どやどやとB男さんの机の周りに集まってきました。ある一人の男の子が、B男さんを指差して、

「おれ、こいつに負けた。ああ、ショックや」

と、自分のおでこをパチンとたたきました。小学校三年生でも、自分はあいつには負けんぞと思っていたのですね。

それをきっかけに、クラスの中でのＢ男さんへの言葉がけが変わってきました。

「お前、もしかしてやればできるんじゃないの？」

という言葉があちらこちらから聞こえるようになってきました。

そして三学期。Ｂ男さんはもう宿題を忘れることはなくなりました。休み時間になっても、ドリルやプリントの直しをしては私のところに持ってきます。

ある日の四時間目の終わりのこと、Ｂ男さんはまだ算数のドリルの直しが終わっていませんでした。

「もう給食の時間になったから、このドリルの直しは給食が終わってから先生と一緒にしようね」

そう言って私は手を洗い、おかずを分けるのを手伝い始めました。

そして、何気なく自分の教師用の机のほうを見ると……。

誰もいない机に向かって、Ｂ男さんはせっせとドリルの直しの続きをしているではありませんか。一心不乱に問題に向かう小さな背中。その背中を見ながら、四月当初の彼の様子を思い出しました。席にもつかず、ついても教科書も開かず、全くやる気がなかった寂しい目をした彼の顔が浮かびました。

「ああ、本当に成長したな」

と思うと、涙が出ました。

さらに、うれしいことは三月にも起きました。一年間、自分でいろいろなものを入れてきた宝物ファイルを見ながら、「三年生になって成長したこと」を書いたときのことです。Ｂ男さんが、

「書きました」

と持ってきた紙には、「成長したこと」が十個ほど書いてありました。一学期には二個しか書いてなかったのに、ずいぶん増えました。それを見ると「二重とびが連続でできるようになった」「とび箱がとべるようになった」などに交じって、なんと「勉強が好きになったこと」という言葉もありました。

それもうれしかったのですが、私が何よりうれしかったのは、この一文を見つけたときです。

「自分のことが好きになったこと」

驚きました。まさかB男さんがこんなことを書いてくるなんて思いもよりませんでした。私は、

「自分ができるようになったことも書くといいよ」

という言葉をかけただけで、

「自分のことを好きになったかどうかについて書くといいよ」

とは一言も言っていなかったのです。

思わず、

「えっ、今までは好きじゃなかったの？」

と聞きました。すると、B男さんは真っすぐに私の目を見つめて、

「はい。ぼく、嫌いでした」

と答えたのです。胸が詰まりました。

帰りの車の中で、

「わずか九歳の子がそんなことを考えていたなんて……。でも、よかったな。自分のことを好きになってくれて」

そう思うと涙が止まりませんでした。うれしいうれしい出来事でした。

◆大人も変わる宝物ファイルプログラム

【ケース4】ずっと避けてきた母親との確執がなくなった五十代の女性

宝物ファイルプログラムで変わったのは子どもだけではありません。

あるとき、大人版宝物ファイル講座に参加してくださった五十代の女性が、

「おかげさまで母との関係がとてもよくなりました」

とおっしゃいました。その女性はずっとお母さんとの関係がうまくいかなくなっていたそうです。詳しくお聞きますと、次のようなお話をしてくださいました。

＊

小学校に入る前から、母にはいつも叱られていました。「洗濯物を取り込んでね」と言われて少しでもぐずぐずしていると、「早くしなさい。取り込んでって言ったのに何やってるの」と言われて、手をあげられたりお腹を蹴られたりしました。そのときは、ここはじっとしていたほうが早く終わると思って、されるがままになっていました。

小学生のときは、いい子でいなくちゃ、お母さんに気にいられるよう優等生でいなくちゃと思い、自分を出せませんでした。なんでもてきぱきできるほうではなかったのでいつも怒られてばかりで、こんなに怒られる自分はダメなんだと思い込んでいました。

あるとき、背中を棒でたたかれました。背中がかっと燃えるように熱くて火がついたのではないかと思うほど痛かったです。そのとき、初めて、母親に対する怒りや憎しみが出てきましたが、何もできませんでした。友達にも言えませんでした。父親は自営業で、工場で遅くまで働いて、帰ってくると食事をしてお風呂に入って寝るだけでしたので、私が母からこんなにたたかれているとは知らなかったと思います。

高校に入っても、母の暴言や暴力は続きました。「死んでしまえ」と言われて、土下座で謝らされたこともありました。高校三年生でストレスが原因で体調不良となりました。病院の先生に、「このままだったらあなたは死んでしまうから、早く入院してください」と言われて、四か月間入院しました。やっと母から離れられるとホッとして救われた気持ちになりました。

一年間自宅療養して、大学は迷わず県外に行きました。このときもまた、やっと解放されたと思いました。

この頃から、私は家に帰りたくないと少しずつ意思表示できるようになりました。母親もそんな私を少しずつ心配してくれるようになりました。卒業して三年後に結婚したので、また母から離れました。母親は、嫁入り支度や赤ちゃんの世話をしてくれました。孫が生まれて態度が前よりは優しくなったように感じました。母に対する憎しみはまだありましたが、頼らざるを得ないので少しずつ慣れていきました。

自分で子どもを育ててみると、母親も子育てに大変だったのかなと思うようになりました。でも、子どもの頃からの辛かった思いは誰にも言えませんでした。この憎しみは自分で解放しなくちゃ、と思うようになり、衝突することはあっても、私が母親を許してもいいんじゃないかと気持ちが少しずつ変わり始めてきました。

　五十歳を過ぎて、カウンセリング協会に通うようになりました。そこで、講師に岩堀先生がいらっしゃることを知りました。岩堀先生のことは以前から新聞記事などを読んで知っていたので、講座を受けてみたいと思いました。

　でも、あの講座で、子どもの頃のことを振り返ったとき、自分のどろどろした葛《かっ》藤《とう》をまさかさらけ出せるものとは思っていませんでした。最初は、「私、これ、書けるだろうか」と思いました。

　今までの自分だったら、つくろって当たり障りのないことだけを書いて話していたと思います。でも、そのときは正直な気持ちを書き、話すことができました。自分のことを自分以外の人に話したことは初めてです。言いたくなかったし、言えなかった。いい子でいなくちゃと思っていたから……。

　自分にとっては大きなチャレンジでした。それを、グループのみんなが励ましてくれました。「よくがんばってきたね」と言って。

それまでは、いくら人から褒められても、お世辞だと思っていました。「自分なんか大した人間じゃない」と自分で否定して、素直に受け止められませんでした。親の感情で自分を判断していたんですね。自分というものはなくて、自分の感情がどこにあるかわからず漂っていて、親に占領されていました。

結婚して子どもを三人産んでも自分に自信がなくて、友達に合わせることが多くて疲れていました。

しかし、この宝物ファイル講座で人から「よくがんばったね」と言われたときは、気持ちがすっきりしました。もやもやと自分の心の中にあったものをはっきり形にできたことで、ワンステップ進んだように感じました。自分で自分を褒められない私にとっては、人から認められたことは大きな励みになりました。自分はがんばってきたんだから、自分で褒めていいんだと思いました。知らず知らず涙が溢れてきたのですが、みんなが受け止めてくれました。

＊

「そうでしたか」

話を聞き終えてからそう言うと、彼女は言いました。

「はい。そして、その後、驚くことが起きたのです」

「どんなことですか？」

「昔は、あれほど母親のことを憎くて辛くてしょうがなかったのに、今はスイッチを切り替えないと思い出せないくらい、意識の外、忘却の域にある感じなんです。今、話していても胸は痛みません。そういうこともあったんだなあと思えます。

講座で形にできたので心の整理ができたのだと思います。それを人に伝えることでみんなに認めてもらって、またすっきりできました。自分は自己肯定感を持っていいんだと自分を認めることができました」

長い間抱えていた辛い気持ちがなくなったことは本当にうれしい、と彼女は喜んでいました。

両親がいなければ今のあなたは存在しません。両親との関係がうまくいかない。

考えたくないから蓋をして生きる人生と、心から感謝の心を持って仲良く生きて、ますます力を発揮する人生。あなたには、ぜひ後者を選んでいただきたいと思います。

【ケース5】心のわだかまりがなくなったら見慣れた景色まで違って見えた

「は？　父親との思い出はほとんどありません。ぼくは母に育てられましたから」

お父さんのことを振り返るセッションをしているとき、山田さん（仮名）は憮然《ぶぜん》とした表情でそうおっしゃいました。

お話をお聞きしますと、彼が小学校高学年のときにご両親は離婚されたとのこと。かれこれ三十年くらい前のことです。以来お母さんに育てられたので、お父さんのことはあまり覚えていないというのです。

その後お父さんから、

「妹ができたから会ってくれないか」

と連絡が来たそうですが、

「何を今さら」

と断ったそうです。そして、

「それ以来、父とは二十年以上もずっと会っていないし、どこにいるかも知りません。会いたくもありません」

とおっしゃっていました。

そんな中、宝物ファイル講座は進んでいきました。

最後にメッセージを書くセッションが始まりました。

山田さんは一枚書いては便箋をクシャクシャと丸め、また一枚書いてはクシャクシャと丸めていました。それを数回繰り返して、ようやく一枚書き上げたかと思ったら、それもやはりクシャクシャにしてしまいました。

そして、次にもう一枚便箋を取って書き始めました。今度は筆が進んでいます。途中からスピードが速くなり、彼の目から涙が流れ始めました。夢中で書き上げた四枚の便箋。文字で埋め尽くされたその便箋を封筒に入れて、ふうーっと大きく息を吐きました。

「誰に書いたのですか？」

私が聞くと、

「父親です」

との返事でした。

講座が終わり、帰りに山田さんに車で東京駅まで送ってもらいました。その車の中での会話です。

「岩堀先生、今日はまさか自分が最後のセッションで父親にメッセージを書くとは思いませんでした。最初は母親に書こうと思ったのですが、何度書いても書けないのです。それで、自分でもわけがわからないのですが、気がついたら父親に書いていました」

「そうでしたか」

「それでね、今はとってもすっきりした気分なんですよ。今度もしも父親から連絡が来たら会いたいなぁって思います。というか、連絡来ないかなぁ……」

そう話す彼の横顔は本当に清々しい感じがしました。話しながら車は進み、東京

駅が見えました。すると、彼が突然、

「今日の東京駅、いつもと全然違う！　すごく堂々として見える！」

と叫んだのです。

「えっ、本当ですか？」

「はい、今まで何度もここを車で通りましたが、こんなに東京駅が堂々と威厳を持って見えたのは初めてです！　不思議ですっ！」

自分の心の中でずっと蓋をしてきたわだかまりがなくなったとたんに、景色まで違って見えたのです。

後日、山田さんにお話をお聞きすると、

「あのとき、宝物ファイル講座を受講する中で、自分の中で『許す』ということができたのだと思います。胸のつかえがとれて、すっきりしました」

とおっしゃっていました。

人の行動の中で、「許す」ということが一番難しいのではないかと私は常々思っています。長年自分の心の中で許せなかった父親を許すことができたとは、なんとすごいことでしょう。私自身も山田さんを見て人間が持っている力のすばらしさを改めて学ばせていただきました。

「許す」ということは、口で言うほど簡単なことではないかもしれません。でも、人には無限の可能性があります。誰しもきっかけがあれば、「許す」ことができるのではないかと私は思います。

そして、それによってわだかまりがなくなると、これまで以上に持っている力を発揮できるようになり、人生が大きく開けるのです。

今、山田さんの宝物ファイルの中には、お父さんへの思いをしたためた四枚の便箋が入っています。いつお父さんと再会してもいいように……。

◆社員全員で講座を受けた会社に起こった変化

「岩堀先生、すぐうちの会社に来て！」

二〇一五年十一月に大阪で開かれた経営者向けの研修会で、宝物ファイル体験講座を開いたときのことです。

終わるやいなや、一人の社長さんが私の元に来ておっしゃいました。個人のハウスメーカーとしては奈良県でナンバーワンの売上を誇るシバ・サンホームの柴部社長です。体験講座の最中も大変はきはきと話をされていて、そのグループは盛り上がっていました。

社長ご自身も『奈良で家を建てるなら』（エル書房）という本を出版されていて、会社の業績も右肩上がりに順調。とても勢いのある会社です。それなのになぜ宝物ファイル講座を？　と思いましたが、お話をおうかがいすると、敏腕社長さんならではの視点がありました。

「おかげさまで、事業は順調です。しかし、注文が増えてくると会社が忙しくなります。すると、社員の中で今まで見られなかったきつい言葉が出て、ぎすぎすした雰囲気が感じられるようになりました。だから、宝物ファイルプログラムは今うちの会社に必要なんです！」

売上が上がっていれば細かいことには目をつぶる経営者の方もいらっしゃるのではないかと思います。しかし、柴部社長は違いました。先を見通して、このままではいけない。なんとかしなくてはと危機感を抱いていらっしゃいました。

日頃から常に自己研鑽を怠らず、一回の受講料が何十万円もかかる研修会などにも参加された経験もあるという柴部社長の高いアンテナに、宝物ファイルプログラムがひっかかったのです。

早速打ち合わせをして、通常の大人版宝物ファイルプログラムに加えて、会社を好きになるためのセッションも入れることにしました。全部で十三セッションを十二月、一月、二月と三回に分けて行ない、笑いあり涙ありの時間となりました。

以下にセッションに参加してくださった方の感想をご紹介します。

◉スタッフメンバー全員がさらにキラキラと

先生のワークを受けて、「自分を大好きになる！」って何？　どういうことなのか最初は理解することができませんでした。でも、ワークを受けていくうちにだんだんと「自分を好きになって周りの人、友達も大好きになる」本当の意味を理解できました。

社員スタッフ全員で受講し、シバ・サンホームのスタッフメンバー全員がさらにキラキラと輝いていくのを感じています。ありがとうございました。感謝。

◉自分が生きてきた意味を考えさせられた

自分がこれまで生きてきた生い立ちから振り返り、自分が生きてきた意味を考えさせていただけたとても貴重な時間でした。

日常生活の忙しさの中で生きてきた意味など考えることもなかったので、とても楽しい時間を過ごさせていただきました。多くの人と出会い、多くの人に支えられて今まで歩んでこられたのだとつくづく実感し、これからの出会いも大切にしていきたいと思うと、わくわくする自分がいます。

岩堀先生に教えていただいたたくさんのことを子どもたちにも伝えていきたいと思います。現在中二の次女が「私は何をやってもダメなんだ」と思い込んでいるところがあるので、教わったことを少しずつ実践していきたいと思います。ありがとうございました。

◉私は自分という人間が大嫌いだった

私には三人の娘がいます。とても可愛く大好きな自慢の娘たちです。ですが、私は自分という人間が実は大嫌いでした。覚えている限りでは、学生時代からです。自分という一人の人間に自信がなく、そんな自分を隠すように強い自分の像を作り、過ごしてきた過去があります。

今回の講義を通して、そんな自分も知り、思い出し、少しずつ変わっていけるのではないかと感じています。

この宝物ファイルは三人の娘たちとも一緒に家でも実践してみたいと思います。ありがとうございました。

どの方も宝物ファイルを通して自分を振り返り、自分を肯定することができるようになったようです。

このように社員さんが全員で講座を受けたシバ・サンホームはその後どうなったのでしょうか。

「いろいろな講座を受けた当初はその通りにやろうと思うのです。でも、人間は忘れやすい生き物ですから、だんだんと忘れてしまって効果が薄れていくということはないですか？」

という質問をある方からされ、私はなるほどと思いました。そこで「宝物ファイル講座の場合はどうなのだろうか？　実際に行なった後の効果を聞いてみたい」と思い立ち、久しぶりにシバ・サンホームに行ってみることにしました。初めて講座を受けていただいた日から一年、講座の最終日からは約十か月経った時のことです。社員や柴部社長からどんな話が出てくるかドキドキしながらの訪問でした。

以下がそのときにシバ・サンホームで伺ったお話です。

◉お客さんに対して積極的に話しかけられるようになった

以前と比べて、お客さんに積極的に話しかけられるようになりました。もともと人見知りな部分があるので、なかなか自分から積極的に話しかけられませんでした。でも、話すことが苦にならなくなり、二回、三回と会うと、もう自分から話しかけられるようになりました。

あの講座では自分の生い立ちをみんなにも知ってもらって、みんなのためにできることはこれからも進んでやろうと思っています。

◉「何か理由があるのかな」と考えられるようになった

あの講座は、これまで考えたこともなかった内容で、自分と向き合う時間でした。そして、自分に対する新しい発見もありました。自分は人のことに興味があるとわかり、心理カウンセラーの講習に行くようになりました。

また、私は事務職なので他の人とそんなに話す機会はなかったのですが、あの講座以降、たあいない話をしてコミュニケーションをとることができるようになりま

した。それは、私にとってとてもいい時間でした。そして今では、ある人が怒っていても、

「あの人のことだから、何か理由があるのかな」

と考えられるようになりました。自分のことを好きになってから人を見る目も変わってきて、他の人のいいところを見られるようになったと思います。

◉お客さんから「スタッフみんな仲がいいね」と言われた

スタッフみんなで一つのことを学んで発表する時間が持てたことがよかったです。みんなのことがよくわかったし、発見もありました。

自分は四十代ですが、こんな年で自分に何ができるのかわからないことも多かったんです。自信もありませんでした。自分を伸ばしていこうなんて思ったこともなかったのです。でも、いくつになってもスタートできるんですね。自分自身もここから飛躍したいです。

スタッフのみんなとより仲良くなれたし、仕事もより楽しくなりました。そんな

ことがお客さんにも伝わるのでしょうか。

「スタッフみんな仲がいいね」

「スタッフみんな若いね」

と言ってもらえるようになりました。

◉気が楽になり、大胆なことにも挑戦できるようになった

これまでは、「自分で変わらなければ」と思っていたんです。でも、そのままでもみんなに認めてもらえたから、「無理に変えていかなくてもいいんだ」と思いました。そうしたら、すごく気が楽になりました。

するとスタッフへの考え方や接し方が変わりました。これまでは、「ああしてほしい、こうしてほしい」と思っていたけど、スタッフの意見に対して、「これもありやな」と思えるようになって、相手の意見も聞きながら自分の意見も言える環境になってきました。受け入れてもらえると楽になるから、「こんなことやってみようかな」と大胆になれました。

実は家を買ったんです。これまで買いたいと思いながら心のどこかで自分には無理だと思っていました。でも、実現できた。今は「まさか自分に」という感じです。

◉今までどの会社に行っても三年と続かなかったが……

あの講座で、褒めることの大切さを確認しました。あのときみんなから褒めてもらって、言葉は相手をやっつける武器にもなるけれど、たった一つの考え方、伝え方で相手も自分も気持ちよくなることを知りました。人を褒めるとその人自身が自分のいいところに気がつきます。人を笑顔にできるんです。

実は、これまでいくつかの会社に勤めてきましたが、いつも途中で嫌になり「三年と続かずに辞める」ことを繰り返してきました。でも、この会社では、みんなが楽しく長所を伸ばしていこうとしています。自分もその一員となりたいです。

会社に入って五年目を迎えたとき、みんながお祝いをしてくれたんです。うれしかったですねぇ。社長にも、「牙抜けたな」なんて言われたんですよ。これからも、いいところをほめて、「自分も幸せ、みんなも幸せ」を続けていきます。

その他にも、いろいろなお話を聞くことができました。

「過去の記憶は嫌なことしかなかったのに、時間をかけて思い出すことで、よかったことも思い出せて、あれがあったから今があると思えるようになりました。人のつながりに改めて感謝です」

「自己肯定感という言葉がすごく心に残っています。お客さんとの仲もそうですが、家族との仲をより意識するようになりました。子どもたちへの言葉かけも気をつけています」

「以前は、もっと消極的で人と話すことがあまり好きではなかったのですが、この宝物ファイル講座を受けさせていただいてからは、人と話すことが少し好きになれました。また、一人暮らしを始めたり雨の中キャンプに行ったりするなど、以前に比べて積極的になれました」

「過去の自分は、どちらかと言えば審判のように他人の悪い点を減点方式でチェックするような一面があったように思えます。でも、以前には採点してしたような個人の性格を今は一つの個性として認められるようになりました」

これらの力はシバ・サンホームのスタッフの方々がもともと持っていらっしゃった力です。その力が眼を覚まし、花開いていくことに宝物ファイル講座が少しでもお役に立てたと思うととてもうれしいです。

◉スタッフが持ち場を守り、お客様が満足できる会社になった

最後に、柴部社長にお話を伺いました。

「実はね、先生と出会う前に、他の講座で『シバ・サンホームをぶっ潰す！』って宣言したんですよ。

それは、会社を倒産させるとかではなくて、これまでのやり方をひっくり返すということだったんです。これまでは、会社のことを全部自分で決めてきました。命令してきました。だから、自分がいないと何一つ回らなかったんですね。

でも、時とともにそのやり方ではなく、スタッフとともに変わっていきたいと思い始めていたんです。だから、『シバ・サンホームをぶっ潰す』と言ったんです。

そして、ピッタリのタイミングで岩堀先生と出会えました。宝物ファイル講座に出合えました。全社員で講座を受けてみたら、命令しなくても、みんなが助け合えるようになりました。学歴ではなく、人としてどうすればこの人を喜ばせることができるかを考えられるようになってきました。

自分一人で動いてきたのがチームとして動けるようになってきて、任せてみようと思いました。スタッフが持ち場を守り、お客さんを守り、お客さんも満足できる。そんな会社になったというのは、自分の想定以上のことでした。

朝礼も以前は自分一人がやっていたのに、スタッフから提案で、みんなでやれるようになりました。

このように、以前とは全く別のシバ・サンホームになりました。この前私が一週間出張でいなかったときも、出張先に一本も電話がかかってこないんですよ。以前だったらあり得ないことです。帰ってきたときもスタッフみんなが当たり前のように仕事をしていて、『あ、社長、お帰りなさい』なんていう調子なんです」

ここまで一気に話された社長さんは心の底からの笑顔を見せてくださいました。

さらに、話は続きました。

「これまでは、社長である自分が企業研修で聞いてきたことをスタッフに伝えてきました。でも、いくら一所懸命伝えても、よくてせいぜい三〇％くらいしか伝わらない。下手をすれば五％くらいかもしれません。でも、全員で受けると費用も時間もかかるけど、伝わり方が全然違う。経営者が同じことを伝えても、いつもの会社での様子を見ているから伝わらない。だから、岩堀先生に来てもらったように外部講師にやってもらうことが大切なんです。スタッフが目に見えて成長しました。ありがとうございました」

身にあまる言葉をいただきました。もちろん、社長やスタッフのみなさんの努力があってこそ、今の会社があります。そこに、宝物ファイル講座が少しでもお手伝いできたことが本当にうれしく、心からありがたいと思っています。

第五章

自分を好きになれば世界が変わる

――宝物ファイルでたくさんの人を笑顔に

◆世界平和と子どもの笑顔のために生きようと決心した日

あれは二〇〇七年十二月七日の夜のことでした。十時を過ぎていたにもかかわらず、私は一時間かけて実家に車を走らせていました。もしかしたら定年を待たずに教師を辞める日がくるかもしれないということを伝えるために……。

その日、勤めていた学校に国連親善大使の田中章義さんをお招きして講演をしていただきました。その夜の食事会で、この世の中に貢献するために基金のようなものを作りませんか、という話になりました。そして、話題は基金の使い道になりました。

「世界中のストリートチルドレンや地球環境を守ることなどに使えるといいですね」

話は大いに盛り上がりました。世界の役に立てることがうれしくて、私は食事会の後、友達に電話をして、そこでの話の内容を伝えました。すると友達はこんなことを言いました。

「一つ抜けていると思うよ。あなたの行なっていることも、その二つと同じくらい大事なことだよ」

そう言われて、はっとしました。そうか、宝物ファイルプログラムを広めたいと考えていながら、広まったらこの世の中がどうなっていくのか、その見通しが私には欠けていたと気づいたのです。

・宝物ファイルプログラムが日本中に広まる

↓

・日本中の子どもたちが笑顔になる

↓

・いじめや自殺が減る、家族の絆が深まる、経済が元気になる

↓

・世界の国々から日本がなぜそうなったか注目されるようになり、宝物ファイル

プログラムが世界中に広まる

↓

・自分の国も相手の国も、自分が信じる宗教も相手が信じる宗教も、それぞれいいところがあると認められるようになる人が増える

↓

・戦争が減る

↓

・世界平和が訪れる！

↓

・世界中の子どもたちが笑顔になる！

ここまで考えたとき、私の心は言葉では表現できないくらいのうれしさ・幸せ感で満たされていました。宝物ファイルを広めることが世界平和につながり、世界中の子どもたちを笑顔にすることにつながるのです！

そして気づいたのです。

「自分の人生でこれ以上にうれしいことはない」

と。

そのとき、私は四十七歳でした。これからの人生は世界平和と子どもの笑顔のために生きようと決心しました。

そして、夜遅くでしたが実家に連絡して、そのことを伝えにいくために車を走らせたという次第です。なぜ実家に行ったのかと言うと、実家の両親は私が教師をしていることをとても喜んでいましたので、定年を待たずに辞める日が来るかもしれないということをあらかじめ伝えておきたいと思ったからです。

実家に着いて、これまでの経緯を両親に話しました。世界平和を実現して子どもたちを笑顔にしたいこと、そのために教員を辞めたほうがいいと判断したときは六十歳の定年を待たずに辞めるかもしれないこと——。

話し終えると、二人とも、

「大賛成！」

と言ってくれました。

「人としてこの世に生まれてきて、これほどすばらしいことはないから、あなた、がんばりなさい！」

両親に賛成してもらえたことがとてもうれしく、ほっと一安心しました。

とはいえ、そう決心した後も、最初の頃は、「あなたの夢はなんですか」と聞かれると、「ちょっと変かもしれませんし、大きすぎる夢なのですが……」とか「お恥ずかしながら……」とか前置きしてから、

「宝物ファイルを世界中に広めて、世界平和を実現し、子どもたちを笑顔にすることです」

と伝えていました。

しかし、人間というのは回数を重ねていくと慣れてくるもので、次第に胸を張って言えるようになってきました。

特にその夢をどのようにして叶えていきたいかが明確になったのが、二〇一二年に参加させていただいた「ドリームプラン・プレゼンテーション世界大会」です。

この大会はアントレプレナーセンター代表取締役の福島正伸先生が、

「大人が夢を語って子どもたちを元気にしよう」

と二〇〇七年から始められたものです。

ありがたいことに本戦まで残って、最後は東京ドームシティホールで発表させていただきました。

プレゼンテーションでは、私が担任した一人の男の子の実話に始まって、将来に向けて宝物ファイルプログラムが世界に広がり世界中のみんなが笑顔になっていく夢を描きました。一人当たりわずか十分という短い時間に、私の夢のすべてを込めました。そのときのプレゼンは、それ以後も講演会等で大勢の方に伝えさせていただいています。

この大会に参加したことで、十分間お時間をいただければ、夢をお伝えできるようになりました。その結果、協力者が増えてきました。映像にして声に出して伝え続けていることで、夢に向かって加速している実感があります。

また、落ち込んだときに「こんなことで歩みを止めている場合じゃない。世界平和と子どもたちの笑顔のために少しでも前に進もう」と、自分自身を鼓舞《こぶ》することもできるようになりました。思い切って応募して本当によかったと思っています。この本を読んでくださっているみなさんにも、機会があればぜひプレゼンを見ていただきたいです。

◆大学院に入学し、宝物ファイルプログラムの効果を検証する

「世界平和のため、子どもたちの笑顔のために生きる」ことを口に出していると、常に次はどうやったらこのことに貢献できるだろうか、と考えるようになりました。そのために本を出版したり講演をさせていただいたりするようになると、「すごいですね。宝物ファイルプログラムがかなり広まってきましたねぇ」とおっしゃってくださる方もいるのですが、「いいえ、まだまだです。全然広まっていません。その証拠に、今、渋谷の交差点を歩いている人百人に聞いても誰も知らないでしょう。百人に聞いて、九十人くら

いの人が知っていますと答えて初めて私は広まったと考えています」と伝えています。ですので、次はどうしたら広まるだろうと考え続ける癖がついています。

第三章の「脳科学や心理学の視点から見た宝物ファイルプログラム」の箇所にも書きましたが、考え続けた結果、さらに広めるためには、エビデンス（証拠）がいると思いました。それで、

「子ども版宝物ファイルプログラムの有効性を科学的に検証して、英語の論文にして世界に向けて発表しよう！」

と決意し、五十四歳で大学院の受験に挑戦。現在は大学院生として研究に取り組んでいます。先にも述べたとおり、医学部系の大学院ですので、研究の方法等、わからないことだらけでしたが、指導教官の松﨑秀夫教授に教えていただきながら研究計画を立てました。また、英文の参考文献を読んだり、この研究に協力してもらえるように、あちらこちらの学校にお願いや説明に伺ったりしました。ありがたいことに、予想以上の学校に研究に協力すると手を挙げていただきました。

この研究では次のようなことを行なっています。

・目的を書き、写真を貼って夢や願いを書く
・自分のよいところを書く
・宝物ファイルに名前をつけて表紙を作る
・友達のいいところを書く
・教師が子どもたちのよいところを書く
・家族が子どものよいところを書く
・子どもたちが家族のよいところを書く
・もう一度自分のよいところを考える
・宝物ファイルを見ながら成長したところを書く

これらを宝物ファイルの中に入れていきます。また、子どもたちが書いた家族のよいところは家族に渡します。

さらに、自分の宝物やがんばったことなど、残したいものも、もちろん子どもたちの宝物ファイルの中に入っています。

この研究に参加して宝物ファイルプログラムを実際に授業の一環として行なっている子どもたちの人数は、二千四百名を超えています。

◆各地の学校に広がる宝物ファイルプログラムの授業

現在、大学院での研究に協力していただいている研究協力校が各地（福井県福井市・鯖江市・勝山市・坂井市、石川県小松市、三重県伊勢市、大阪府八尾《やお》市、埼玉県ふじみ野市、静岡県静岡市）にあります。研究の結果が出れば、さらに参加校が増えると信じて、研究を続けています。

この他にも、以前に私の講演や研修会に参加してくださった先生が、各地で宝物ファイルプログラムを取り入れていらっしゃいます。また、学校や地域で導入しようという動きも徐々に広がってきています。

奈良県の御所《ごせ》市では、一中学校、四小学校で宝物ファイルプログラムの授業が始まっています。

また、長野県小布施《おぶせ》町の栗ケ丘小学校と小布施中学校、福井県丸岡中学校と高椋《たかぼこ》小学校・磯部小学校・平章《へいしょう》小学校では、小学校と中学校が協力して取り組み始めています。

うれしいことに宝物ファイルプログラムは専門学校にも広がっています。滋慶学園グループのベルエポック美容専門学校では、二〇一一年から継続して実施されています。専門的な技術や知識だけではなく、学生の心の健康を保つことにも力を入れている学校ですので、いち早く導入が決まりました。心を大切にしているその姿勢がすばらしいと思います。

◆企業が子どもたちを応援するプロジェクトを立ち上げる

さらに、社会貢献に力を入れているすばらしい企業と子どもたちが通う学校をつなげて宝物ファイルプログラムの導入を進めていくプロジェクトを立ち上げました。

私は三十年以上学校に勤めてきましたのでよく知っているのですが、学校というところは予算が十分にあるとは言えません。しかし、「お金がないから宝物ファイルに使うファイルや写真を印刷する用紙、インク代などを出せない」ことを理由に導入をあきらめてほしくありません。

一方で、教育に興味を持ち、これからの未来を担う子どもたちのために何かアクションを起こしたいと考えていらっしゃる企業の経営者の方々にも大勢出会ってきました。

そこで、企業と学校をつなぐ架け橋として、企業が子どもたちを応援するプロジェクトを立ち上げました。宝物ファイルを取り入れたいと手を挙げた学校や学級に対して、企業がファイルやフォトプリント用紙・インク・便箋・付箋代などを支援するのです。企業に負担していただく費用は、年間一人あたり約五百円です。

具体的には、応募してきた学校に、企業からの子どもたちに向けたメッセージとともに、宝物ファイルセットが送られてきます。学校へは、私が代表を務める「子どもの笑顔」から授業の導入に使う絵本やテキストなどを寄付し、必要であれば先生方に研修も行います。そして、宝物ファイルプログラムがスタートして一年後、子どもたちから自分が成長したことや感想を綴ったメッセージが企業に届く。という仕組みです。

このように、企業の協力により子どもたちの自己肯定感が高まり、いじめや自殺が減っていくのです。これは日本の未来にとって大変明るい材料になる重要な社会貢献だと思っています。

実は、このプロジェクトの構想を私の身近にいる経営者二、三人に話したところ、即座に、

「うちがやる！　〇〇小学校でやりたい！」

「そのプロジェクトがスタートするときに絶対声かけて！」

と言っていただきました。本当にありがたいことです。

◆宝物ファイルマスターを育成する

「ゆくゆくは日本から世界に宝物ファイルを広めたい。そのためにはどうすればいいか。より大勢の人に伝えていくためには、宝物ファイルを教える人が必要だ。そのために、指導者を育てよう！」

そう思った私は、本格的に指導者を育てる認定講座を開催することにしました。名づけて「宝物ファイルマスター養成講座」。全十六時間の講座です。この講座には、「宝物ファイルの可能性を信じ、世の中に広め、世の中の役に立ちたい」という志を持った人が参加してくれています。

現在十二名の宝物ファイルマスターが誕生しています。お寺の副住職、経営者、主婦、ラジオアナウンサー、他の講座の講師など、立場はさまざまですが、志を同じくする大切な仲間です。この仲間をこれからも全国に増やしていきたいと思います。

◆どんどん広がる大人版宝物ファイルプログラム

子どもたちが笑顔になるために大人の方にも笑顔になってほしいと願って始めた大人版宝物ファイル講座。これまでの二年間でいろいろな方が受講してくださいました。その参加者の方たちからの感想をいくつかご紹介します。

◉内面に光を当てるようで新鮮な試みだった

ワークに静かに取り組む、ＰＣに打ち込むのではなくて文字を書くのは、私の内面に光を当てるようで、新鮮な試みだった。結果、客観視できて、自分を大切に、認めることにつながった。

また、「話してよい場」「認めることが前提となっている場」で話して認められることは、心を温かくしてくれた。

どんどん厚くなるファイルはまさしく私の宝物です。

「認めてくれる」ことがどれだけ人を安心させるのかを体感できた。私も、出会う人にとっての宝物ファイルみたいな存在になりたい。相手のいいところを見つけていつでも伝えてあげられるように。子どもと接する先生のような立場の方々は自然にそれができていて、尊敬し、真似したいと感じた。

◉今まで気づかなかった母の表情に気づくことができた

何回か自分の過去を振り返ってきたけれど、今回は今まで気付かなかった母の表情に気づくことができました。今までは、自分のことにしか意識を向けてなかったんだと思うし、これから母とどうしていきたいかという気持ちの確認にもなってよかったです。

自分の手で書き出していくことで、今自分がどう思っているのかを違った形で見ることができ、新しい発見がありました。三回のセッションで、新しい出会いと、新しい自分と、これからの自分に、わくわくする気持ちが出てきました。

焦らずコツコツと積み重ねて幸せをいっぱいにしていきます。ありがとうございました。

◉コミュニケーションに欠かせないことだと感じた

自分を見つめて、振り返って、書いて、音にして、自分の耳で聞く。この作業がとても大切だなと感じました。

誰かが聞いてくれているということも大切。自分はこれでいいんだ、ありのままでいいんだと認めてもらっているような気がしました。

忙しい日々で自分に時間を割くこともない中で、自分のために使う時間を自分に与えることが、自分を大好きになる第一歩だと思います。自分の気持ちを言葉で表現するということも人とのコミュニケーションをとるうえでは欠かせないことだと感じました。

繰り返しやることで、人と関わることに苦手意識を持つ人も少なくなり、仕事をするうえでも有効に使える、なんにおいても効果のあるプログラムだと確信しました。

とにかく楽しい三日間でした。ありがとうございました。

◉生きてきた証を確認し、ブレない自分の盤石な礎を得た

この三日間でいろいろとご指導いただき、ありがとうございました。かねてより念願であった宝物ファイル講座の受講がようやく叶いました。

これまでの自分の軌跡、生きてきた証をこの取り組みの中で改めて確認することができました。一人一人の心の中にかけがえのない宝物があり、自分が自分らしくあること、それを肯定することの大切さに改めて気づくことができました。

情報が氾濫《はんらん》し、変化の激しい時代。周囲の人間関係の変化で自分を見失うことなく、原点に立ち返るための時間をこの十八時間で得ることができました。この講座を受講し、今一度ブレない自分でいるための盤石な礎を得たように思います。

また、どんな人でも必ずよいところがあり、その面を見ていく視点も得ることができました。

特に、身近な人との関係を見つめ直すことが必要なことであると改めて気づくこ

とができました。

これからは、この学びを実践に変えて、多くの人と関わったり新しいことにチャレンジしたりするときに「人は誰でも自身のよいところ、ベースをしっかり持っていることで困難も乗り越えられ、よりよい結果が生まれるのだ」という思いをもとに活動していきたいと思います。一歩踏み出す勇気を岩堀先生から直《じか》に学べて最高です。


以上のような感想を読ませていただけばいただくほど、みなさんの学びとる力と成長する力に脱帽します。人は無限の可能性や力を持っていて、そのことに自分でも気がついていないときがある。しかし、きっかけさえあればどんどん花開いていくのだと、私もいつも学ばせていただいています。感謝、感謝です。

このような一般の方向けの講座以外にも、会社向け、親子向け、医療現場のお年寄り向けなど、宝物ファイル講座はどんどん拡大していきます。

◆会社の「のりしろ」になる宝物ファイルプログラム

机の上に同じ形をしたAとBのクッキーの箱が置いてあるとしましょう。

その箱は、二つとも六枚の厚紙からできていて、見た目は全く同じ。区別がつきません。でも、Aの箱は、ちょっと触るとすぐに壊れてしまいました。一方、Bの箱は少し触るくらいではびくともしません。

この違いはなんでしょう。

それは、「のりしろ」の違いです。見た目は同じでも、Aの箱はのりしろが全くないので、衝撃に弱い。Bの箱はしっかりと「のりしろ」があるので、ちょっとやそっとでは壊れない。

会社において宝物ファイルプログラムはこの「のりしろ」の役目を果たします。

いろいろな外敵（困難な出来事）から襲われたときに、従業員同士のコミュニケーション能力が低いと本来の力が発揮できません。お互いがカバーできないことが原因となって、うまく立ち行かなくなり倒れてしまうこともあります。これはあまりにも残念です。

反対に、不測の事態が起きてもお互いがカバーし合える会社、困難な場面でもみんなの力を結集して乗り越えられる会社は、助け合い、補い合い、支え合って心がつながっているから外敵にも強いのです。宝物ファイルプログラムはそんな会社づくりに役立ちます。

また、宝物ファイルプログラムによって自己肯定感が高くなると、お互いを認め合う言動が増えますから、うつ病予防をはじめとしたメンタルヘルスにもよい影響を及ぼすことになります。会社で働くお父さんお母さんが元気になれば、子どもたちも笑顔になります。そして、将来子どもたちが会社に入ったときには、あるときは厳しく、でも、よいところは認めてさらに成長させてあげてほしい。それが私の願いです。

会社での宝物ファイルプログラム導入には、二通りの方法が考えられます。一つは講師を招いて研修する方法、もう一つは研修担当者が宝物ファイルマスター講座を受講して会社に戻って研修する方法です。会社の都合に合わせてどちらを選んでいただいてもいいように準備をさせていただいています。

◆親子教室で絆を深める

核家族化が進んだ現代のお母さんたちは、子育てに悩むことも増えてきています。ご主人は会社で働き、帰宅は遅い。自分自身は、家事と育児の両立を目指すものの、初めての子育てでどうしてよいかわからず悩んでしまうことも多いのです。

赤ちゃんの便一つとっても、色は緑色に近くてもいいのか？　硬さはどれくらいがいいのか？　二日間、一度も出なかった場合は病院へ連れていったほうがいいのか？　など、次から次へと心配事が出てきます。

近くに頼れる実家や同じような境遇のママ友がいて、悩みを打ち明けられればいいのですが、そうでない場合は心配ばかりがつのってしまい、育児ノイローゼになったり、時には、そのイライラが虐待に結びついてしまったりします。そして、そんな自分を責めることも……。

そんな、悩めるお母さんのための宝物ファイル講座を予定しています。お子さんがまだ修学前、あるいは、お子さんの学校でまだ宝物ファイルプログラムが始まっていないときに、親子で参加できる講座です。

お子さんがまだ文字が書けない場合は、手形を取ることもできますし、お母さんが写真を貼ってあげることもできます。文字が書ける場合には、親子で一緒に楽しんで宝物ファイルを作りましょう。

また、その講座の中では、子育ての悩みに関して、これまでの三十年以上の小学校教師としての経験や、子育てをしてきた母親としての経験、さらには脳科学や心理学を学んだ経験から、具体的な解決方法をお伝えします。

◆医療の現場でお年寄りを元気にする宝物ファイルプログラム

あるとき、介護福祉士をしている私の友人が、

「介護の仕事をしていて一番辛いのは、認知症になったお年寄りのことを、お医者様や看護師さんたちがお年寄りを尊厳を持つ一人の人として扱っていないのを見るときなの」

と言いました。私は、

「じゃあ、その認知症になったお年寄り一人ひとりがこんな宝物ファイルを持っていたらどう?」

と聞いてみました。

「えっ、どういうこと?」

「宝物ファイルには、認知症になった現在のお年寄りの姿だけではなく、昔からがんばって仕事をしてきたおじいちゃんやおばあちゃんの若い時の写真も入れるの。その人の生きてきた証《あかし》をお医者様やスタッフのみんなが見て共有できたら、尊敬の念も生まれるのじゃないかな」

「うん、きっと尊敬できると思う。うちの職場で導入できないかなぁ」

こんな話をしていました。

そして、兵庫県姫路市の姫路北病院で看護師さんやスタッフのみなさんにこの話をしたところ、

「それはいいですねぇ」

となり、認知症の患者さん向けの宝物ファイルプログラムが始まりました。

九十六歳のおばあちゃんの宝物ファイルを見せていただきました。そこには生い立ち、ご家族、戦後に働いてきた食堂、お花見で缶コーヒーを飲んでいるところの写真、スタッフのみなさんのコメントなどが収まっていました。

ご主人が早くに亡くなられてからも、この食堂でおばあちゃんは子どもたちを養ってこられたのだな。ずっとがんばって働いてこられたのだな……。そう思うと、写真の中のおばあちゃんは笑っているのに、なぜか私は涙が止まりませんでした。

看護師さんに、

「患者さん向けに宝物ファイルプログラムを導入して何か変わりましたか?」

とお聞きしたところ、こんなお返事をいただきました。

「まず、私たちスタッフが変わりました。今、患者さんはうれしいのかな、どんな

感情なのかなとよく観察するようになりました。また、家族の方からは、『本当は家で看病してあげたいけど、仕事の都合でそれができない。でも、病院では家でも見たことがないようなこんないい笑顔をしていることがわかって、心の負担が少し軽くなりました。ありがとうございました』と感謝されました」

今後もこのような取り組みを広げていきたいと改めて思いました。

また、認知症の予防として年配の方向けの宝物ファイル講座も開催していく予定です。戦前、戦後を生き抜き、今の経済大国日本の基礎を築いてくださった方々は、本当に「宝物」であると、一人でも多くの方に伝えていきたいと思います。

おわりに——私と宝物ファイルプログラム

高校一年生の夏休みの宿題の感想文を書くために読んだ『二十四の瞳』。その中に出てくる小学校一年生の子どもたちの一途さ、可愛らしさ。私が教師を目指した原点です。

福井県の教員採用試験の面接で、

「今後の人生設計を教えてください」

と聞かれたときは、

「まず採用試験に合格して、その後結婚し、定年まで教師を務めたいです」

と、胸を張って答えました。合格したときはうれしくてうれしくて飛び上がりました。大好きな子どもたちと過ごす時間は本当に楽しかった。

このまま定年まで勤めよう。その後は小さな塾を開いて、たった一人でもじっくり教えていきたいな……そんなささやかな夢がありました。

宝物ファイルプログラムを始めたきっかけも、教師生活の中で、

「どの子にも必ずいいところがある」

と子どもたちから教えてもらったからです。

「学力だけがすべてじゃない。あなたにはいいところがたくさんある。だから、そんな自分に自信を持って、自分のことをずっと大好きでいてほしい」

と願って始めました。

しかし、ただただ目の前の子どもたちのためにと思って始めた宝物ファイルプログラムは予想以上に効果がありました。もともと持っていた力が花開き、どんどん笑顔になっていく子どもたち。その姿を間近で見られるのは教師冥利《みょうり》に尽きる、と思いました。本当に幸せでした。

あまりにもうれしかったので、当時加入したばかりの教師用のメーリングリストに投稿したところ、二〇〇一年の四月に「中学校・高校教師用メールマガジンに原稿を書いてください」、同年五月には「八月の霧島プロジェクト（主に教育に関わっている方が学ぶ研修会）で発表してください」という依頼が立て続けにきました。

夏休みに鹿児島まで行き、おっかなびっくり発表させていただくと、参加していた先生方が、

「子どもたちの成長ぶりが伝わってきました」

「涙が出ました」

と言ってくださいました。先生方に喜んでいただいたことがうれしくて、次の年も霧島プロジェクト事務局からの発表依頼を喜んで引き受けさせていただきました。

そんな私に、

「美雪さん、本書きなさい、本！」

と勧めてくださったのは、鈴木敏恵先生（シンクタンク未来教育ビジョン代表）でした。しかし、何社もの出版社に原稿を送りましたがすべてボツでした。そこで自費で出版しました。二〇〇三年五月のことです。

「岩堀さん、自費出版で商業出版の初版本のように最初から三千部も作る人はいませんよ。そんなにたくさん作っていただいても、うちとしては千部しか預かれません。残りは引き取ってもらうことになりますが」

と出版社の人に半ばあきれられ、このように言われて、二千冊の本が送られてきました。大量の在庫の山を見たとき、私は心の中で腕組みをしながら、

「うーん、満足～」

とつぶやいていました。自費であれなんであれとにかく自分の本ができあがったと自己満足の世界に浸っていたのです。

そんな私に、一生かけてもこのことをやり抜こう！　と決意させてくれる出来事が起こりました。それは、二〇〇四年七月に起きた福井豪雨です。勤めていた山間の、全校生徒が百三十名くらいの小さな小学校の校区が大変な被害に遭いました。教え子のおじいちゃんが亡くなり、家が流され、車やお墓が流されました。校庭は、流し台やタイヤ、こたつなど、上流から流れてきたもので溢れ、瓦礫《がれき》の山でした。目の前の悪夢のような光景に、

「悪い夢を見ているのなら覚めてほしい」

と願いました。

時を同じくして、私の大親友が亡くなりました。末期がんでした。大学で同じ学部。小学校教員養成課程で、中学・高校の専攻は理科（生物）でした。実家も近かった彼女と私は、授業のときも、教育実習のときも、卒論で苦しいときも、一回目の採用試験で落ちたときも、いつも励まし合ってきました。

二回目の採用試験で二人とも合格したときは、抱き合って喜びました。ちょうど同じ年に最初の子どもを産み、子育ての悩みも相談し合ってきました。

どちらかと言えば穏やかな性格でがんばり屋さん。そしてとても優しい彼女のことを私は一人の人間として尊敬していました。四十四歳というあまりにも早すぎる死を前にして、涙が溢れて止まりませんでした。

日中は学校の校庭の瓦礫の撤去作業をして、汗でべたべたになったTシャツをそのまま喪服に着替えて、夕方から彼女のお通夜に参列しました。遺影はにっこりとほほ笑んでいました。でも、私はその写真をまともに見ることができませんでした。

お通夜に行ってきたというのに、大親友の死がまだ信じられずにいました。これは、何かの間違いに違いない。忘れたい。忘れよう。そう思って、次の日からも懸命に瓦礫の撤去や泥のけ作業をしました。

その働きぶりを見て、

「岩堀先生、どうしたん？　何かあったん？」

職場の同僚たちが心配してくれました。

「ううん、なんでもないよ」

と答えるものの、家に帰って夜になると毎日涙が流れました。

そんな失意のどん底にいた私の目の前に現れたのは……そこにいないはずの子どもたちでした。今まで受け持った子どもたちがぱあーっとフラッシュバックするように私の目の前に現れて、「岩堀先生」「岩堀先生」と私の名前を呼ぶのです……。どの子もそれはそれはにこにこ笑顔で、きらきら輝いていました。

その子どもたちの笑顔を感じたときに、

「ああ、どの子にもいいところがあるぞ。どうかそれを自分で認めて、ずっと自分のことを大好きでいてほしいな。そのためにここにこういう方法がありますということを、伝えたーーーい！」

魂が叫びました。

友の死を前に自分自身を省みて、

「自分はまだ生きている。残された者は自分の信じた道を一生かけてやり抜こう！」

と決意した瞬間でした。


今、改めて自分の宝物ファイルを見てみますと、最初に、

「二十一世紀に向かってどんどん広まりますように！」

と書いています。

その後の十六年間、自分を支えてくれた大切な宝物がたくさん入っています。

これまで、子どもたちや保護者の方々、家族、友人、同僚をはじめ、大勢のみなさんに支えられ励まされていただいたおかげで今の私がここにいます。本当に感謝、感謝です。

まだまだ未熟者ではありますが、今後も、宝物ファイルを世界に広めて世界平和

を実現し、世界中の子どもたちを笑顔にするという夢に向かって前に進みます。
この夢は、私の代では実現できないかもしれません。しかし、先に行く者が、岩をどけ、草を抜き、道筋をつけておけば、必ずや後に続く人が現れる。そう信じてこれからも歩き続けます。
最後になりますが、この本を出版するにあたり、快く協力を申し出てくださった大勢の皆さまに心からお礼申し上げます。また、編集者の小松実紗子さんをはじめとする致知出版社の皆さまにも大変お世話になりました。ありがとうございました。

そしてこの本を読んでくださったあなたへ
縁あってこの世に生まれてきた尊い命です。自分を認めて好きになって、まだ気づいていない眠っている力を十分に発揮してください。一度しかない人生を、尊い命を輝かせて生き抜いて下さい。私はずっとずっとあなたを応援しています。

平成二十九年一月

岩堀　美雪

〈著者略歴〉

岩堀 美雪——いわほり・みゆき

福井県勝山市出身　鯖江市在住。元小学校教師(教師歴31年)
現在:一般社団法人子どもの笑顔代表理事。福井大学子どものこころの発達研究センター特別研究員、大阪大学大学院大阪大学・金沢大学・浜松医科大学・千葉大学・福井大学連合小児発達学研究科後期博士課程在学中。
子どもたちの「自己肯定感」を育むために、2000年から宝物ファイルを使用した独自の方法を実践。その模様は、地元NHKで二度にわたってドキュメンタリー番組が組まれる(北陸スペシャル「ファイルで見つける自分の長所」、福井夏季特集「自分大好き　友達大好き～服間小5年生の宝物」)など、簡単なのに効果抜群な手法が話題となり、全国の教育委員会、PTA、さらには会社や一般の方からも講演の依頼が相次いでいる。その後、一人でも多くの人に実践してほしいとの思いから、自費出版にて著書『心がぐん!と育つパーソナルポートフォリオ』(東洋館出版社)を刊行。自費出版では異例の「3000部」が完売。近年は、その活動から生まれた「思い」を歌詞にする一方で、作曲者のくまひげ氏とユニット「nico nico nice(ニコニコナイス)」を組み、現代人が忘れがちな「愛」や「感謝の心」を歌声にのせて人々に伝えている。「大人も子供も、自分を認め、お互いを認め合う世の中にしたい」と本気で考え、活動している。

なぜあなたの力は眠ったままなのか

平成二十九年一月二十五日第一刷発行

著　者　岩堀　美雪
発行者　藤尾　秀昭
発行所　致知出版社
〒150-0001 東京都渋谷区神宮前四の二十四の九
TEL(〇三)三七九六―二一一一
印刷・製本　中央精版印刷
落丁・乱丁はお取替え致します。　(検印廃止)

ISBN978-4-8009-1136-0 C0095
ホームページ　http://www.chichi.co.jp
Eメール　books@chichi.co.jp

いつの時代にも、仕事にも人生にも真剣に取り組んでいる人はいる。
そういう人たちの心の糧になる雑誌を創ろう——

『致知』の創刊理念です。

私たちも推薦します

稲盛和夫氏　京セラ名誉会長
我が国に有力な経営誌は数々ありますが、その中でも人の心に焦点をあてた編集方針を貫いておられる『致知』は際だっています。

王 貞治氏　福岡ソフトバンクホークス取締役会長
『致知』は一貫して「人間とはかくあるべきだ」ということを説き諭してくれる。

鍵山秀三郎氏　イエローハット創業者
ひたすら美点凝視と真人発掘という高い志を貫いてきた『致知』に、心から声援を送ります。

北尾吉孝氏　SBIホールディングス代表取締役執行役員社長
我々は修養によって日々進化しなければならない。その修養の一番の助けになるのが『致知』である。

渡部昇一氏　上智大学名誉教授
修養によって自分を磨き、自分を高めることが尊いことだ、また大切なことなのだ、という立場を守り、その考え方を広めようとする『致知』に心からなる敬意を捧げます。